最强大脑思维训练系列

优等生必玩的扑克游戏
——培养数学思维

于雷 徐杰 编著

清华大学出版社
北京

内 容 简 介

扑克牌对每个人来说都非常熟悉,但是你可曾想到,在经过专家的改编和设计以后,这种最常见的扑克牌居然可以变身为训练逻辑思维的工具。

本书精心选取和设计了数百个扑克牌思维游戏,以记忆训练、逻辑推理以及数学计算等为重点,帮助读者通过游戏训练和提高逻辑思维能力。这些有趣的扑克牌思维游戏,既可以在读书时思考,又可以拿出扑克牌亲自演练一番。相信这些游戏能够让读者在轻松愉悦中提高思维能力,变得更加聪明。

本书封面贴有清华大学出版社防伪标签,无标签者不得销售。
版权所有,侵权必究。举报:010-62782989,beiqinquan@tup.tsinghua.edu.cn。

图书在版编目(CIP)数据

优等生必玩的扑克游戏:培养数学思维/于雷,徐杰编著.--北京:清华大学出版社,2021.3(2025.4重印)
(最强大脑思维训练系列)
ISBN 978-7-302-57357-9

Ⅰ. ①优… Ⅱ. ①于…②徐… Ⅲ. ①智力游戏—青少年读物 Ⅳ. ①G898.2

中国版本图书馆 CIP 数据核字(2021)第 017948 号

责任编辑:张龙卿
封面设计:徐日强
责任校对:李 梅
责任印制:沈 露

出版发行:清华大学出版社
网　　址:https://www.tup.com.cn,https://www.wqxuetang.com
地　　址:北京清华大学学研大厦 A 座
邮　　编:100084
社 总 机:010-83470000
邮　　购:010-62786544
投稿与读者服务:010-62776969,c-service@tup.tsinghua.edu.cn
质量反馈:010-62772015,zhiliang@tup.tsinghua.edu.cn

印 装 者:涿州市般润文化传播有限公司
经　　销:全国新华书店
开　　本:185mm×260mm
印　　张:8.25
字　　数:189 千字
版　　次:2021 年 5 月第 1 版
印　　次:2025 年 4 月第 2 次印刷
定　　价:45.00 元

产品编号:090847-01

前 言

扑克牌又叫纸牌，是一种常见且古老的游戏道具。因为纸牌的制作和携带都非常方便，且玩法较多，因此成了一种老少皆宜的娱乐方式。

在楚汉相争时期，韩信为了缓解远征士兵的思乡之愁，发明了一种木牌游戏，据说就是扑克牌的雏形。后来，这种游戏形式通过丝绸之路传入西亚，在13世纪流入欧洲，并最终演变成现在的扑克牌。

很快，扑克牌在世界各地迅速流行起来，玩法也多种多样。常见的纸牌大部分为数码牌。中国的玩法通常是高点数胜低点数，或以特殊组合牌型取胜。传说古印度有棋盘式圆纸牌游戏，纯以技巧论胜负；而波斯有所谓"阿斯那斯"（AsNas）玩法，被认为是现代扑克牌发展的一个重要里程碑。

本书中的扑克牌游戏，是把现实中的扑克牌放到书面上，读者可以很容易地参与到书中的游戏里，在文字中运用想象力和逻辑思维来解决问题。当然，如果想更加形象一些，可以拿出一副扑克牌亲手操作一番，你会体会到其中的乐趣。

很多人认为训练逻辑思维是一件痛苦的事，需要死记硬背大量理论知识，还要做大量习题，其实不然，训练逻辑思维的最佳方法是做游戏，尤其是用扑克牌思维游戏来训练逻辑思维，是一种既简单有效又妙趣横生的事情。在游戏中，读者会不停地调动自身的观察力、推理能力、创新能力和想象力等，在思考如何解决游戏中的问题时，不知不觉地锻炼了自己的逻辑思维能力。

著名科学家霍金曾经说过："有一个聪明的大脑，你就会比别人更接近成功。"所以说，拥有过人的思维能力甚至比学会具体的知识技能更为重要。

本书将扑克牌相关的思维游戏分成8个部分，分别对应8种重要的逻辑思维能力。相信这些游戏能够帮助读者在轻松愉悦中提高思维能力，变得更加聪明。

编 者
2021.4

目 录

一、扑克巧推理 1
   1．10 张扑克牌 1
   2．分别有几张牌 2
   3．谁去做饭 2
   4．扑克的线索 3
   5．轮流猜花色 3
   6．小魔术 4
   7．跳跃魔术 4
   8．很古老的魔术 4
   9．洗牌（1） 4
   10．洗牌（2） 4
   11．洗牌技术 5
   12．三明治（1） 5
   13．三明治（2） 5
   14．取牌游戏 5
   15．第 9 张牌 5
   16．第 11 张牌 6
   17．猜牌术 6
   18．神机妙算 6
   19．花色组合 7
   20．3 张牌的组合 7
   21．3 张牌的顺序（1） 7
   22．3 张牌的顺序（2） 7
   23．3 张牌的顺序（3） 7
   24．3 张牌的顺序（4） 8
   25．盲打扑克 8
   26．死亡信息（1） 8

二、玩牌想逻辑 11
   27．排队发牌 11
   28．分别是什么牌 12
   29．赌神比赛 12
   30．纸牌的排列 12
   31．猜数字 12
   32．单张 13
   33．名字与花色 13
   34．消失的扑克牌 13
   35．5 张扑克牌 13
   36．谁没有输过 14
   37．3 人分牌（1） 14
   38．花色游戏 14
   39．纸牌游戏 15
   40．牌的花色 15
   41．花色问题 15
   42．什么花色最多 15
   43．扑克牌的花色 16
   44．还剩几张牌 16
   45．成绩排名 16
   46．5 个女儿 16
   47．哪对被隔开了 16
   48．没有出黑桃 17
   49．高智商猜牌 17
   50．猜牌大小 17
   51．两人猜牌 18
   52．五打一（1） 18
   53．花色的张数 18

54. 扑克数字游戏	18	
55. 谁的牌	19	
56. 出牌顺序	19	
57. 3人扑克	19	
58. 扔扑克	20	
59. 牌的顺序	20	
60. 洗好不能吃	20	

三、图形有技巧 21

61. 分4等份	21
62. 拼图	21
63. 难题	21
64. 巧放扑克牌	21
65. 同样大的扑克	21
66. 字母问题	21
67. 有多少个答案	22
68. 剪扑克	22
69. 调转扑克	22
70. 6张扑克牌	22
71. 猜扑克牌	23
72. 扑克占卜	23
73. 线条推理	23
74. 九宫之法	23
75. 换牌	23
76. 拼凑出10	23
77. 三重J, Q, K	24
78. 用符号计算21	24
79. 超级透视	24
80. 猜牌游戏	25
81. 从长方形到正方形	25
82. 4的游行	25
83. 花色填数	25
84. 用五角计算24	25
85. 加符号	26
86. 扑克牌算式	26
87. 全体报到	26

四、数字里面藏 27

88. 计算24点（1）	27
89. 计算24点（2）	27
90. 3张牌	27
91. 扑克比赛	27
92. 赢了几局	28
93. 猜牌数	28
94. 教授的牌	28
95. 5张牌	28
96. 庄家分牌	28
97. 符号逆转	28
98. 分牌	29
99. 扑克牌	29
100. 3人分牌（2）	29
101. 国王的重赏	29
102. 牌的张数	29
103. 公主选婿	29
104. 4张牌	30
105. 12张扑克牌	30
106. 巧分牌	30
107. 牌的顺序	30
108. 扑克八强	30
109. 死亡信息（2）	30
110. 移动扑克牌	31
111. 分扑克牌	31
112. 另类分牌	31
113. 5人数牌	31
114. 4人取牌（1）	32
115. 4人取牌（2）	32
116. 4人取牌（3）	32
117. 4人取牌（4）	32
118. 4人取牌（5）	32
119. 4张扑克牌	33

120. 3 个孩子 33

五、纸牌测概率 34
121. 扑克牌赌局 34
122. 抽牌游戏 34
123. 抽扑克牌 35
124. 打扫卫生 35
125. 6 色相同 35
126. 牌色概率 35
127. 轮流抽牌游戏 35
128. 抽牌概率（1） 35
129. 抽牌概率（2） 35
130. 抽牌概率（3） 35
131. 免费的午餐 36
132. 花色组合 36
133. 红黑相同 36
134. 巧装扑克牌 36
135. 花样扑克牌 36
136. 翻黑桃 36
137. 抽牌的概率 36
138. 抽牌 37
139. 扑克牌 37
140. 赌红黑 37
141. 抽牌概率问题 37
142. 15 点 37
143. 红牌黑牌 38

六、看牌找规律 39
144. 花纹一样（1） 39
145. 花纹一样（2） 39
146. 剩下的一张牌 39
147. "尾巴"移上"脑袋" 39
148. 取牌游戏 39
149. 分放扑克牌 40
150. 扑克牌序列 40
151. 隐含的规律 40
152. 放错的扑克牌 41
153. 扑克牌的分类 41
154. 扑克牌方阵 41
155. 扑克牌谜题 42
156. 扑克牌难题 43
157. 扑克牌逻辑 43
158. 扑克牌矩阵 43
159. 奇妙的扑克牌 44
160. 趣味扑克牌 45
161. 替换问号 45
162. 9 张扑克牌 45
163. 菱形扑克阵 46
164. 折纸牌 47
165. 各不同行 47
166. 数 13 抽牌 47
167. 圆桌花色 47
168. 拿扑克牌 47

七、说话辨真假 48
169. 扑克牌游戏推理 48
170. 猜猜看 48
171. 猜花色 48
172. 牌面的大小 48
173. 正面与反面 49
174. 猜猜是什么牌 49
175. 王牌在谁手里 49
176. 5 人猜牌 50
177. 手中的牌 50
178. 手里的剩牌 50
179. 猜牌 50
180. 有几张红桃 51
181. 4 张牌比大小 51
182. 分别有多少张牌 51
183. 如何活命 51

V

184．寻找梅花 …………………… 51	208．分配扑克牌 ………………… 57
185．牌局胜负 …………………… 52	209．巧胜扑克牌 ………………… 57
186．兔妈妈分牌 ………………… 52	210．巧取扑克牌 ………………… 57
187．下一张牌的花色 …………… 52	211．抓牌决胜 …………………… 58
188．盒子里的牌 ………………… 52	212．抓牌求胜 …………………… 58
189．判断花色 …………………… 53	213．一道关于扑克牌的推理题 … 58
190．猜牌 ………………………… 53	214．重排 5 张牌 ………………… 58
191．红黑纸牌 …………………… 53	215．覆盖圆桌 …………………… 58
192．打牌的谎言 ………………… 53	216．确定 45 秒 ………………… 58
193．谁是赢家 …………………… 54	217．要牌 ………………………… 59
194．谎话与牌 …………………… 54	218．抢牌游戏（1）……………… 59
195．哪个人说了谎 ……………… 54	219．抢牌游戏（2）……………… 59
	220．Eleusis 游戏 ………………… 59
八、制定大策略 ……………… **55**	221．释放囚犯 …………………… 60
196．发牌 ………………………… 55	222．少数派游戏 ………………… 61
197．还清欠款 …………………… 55	223．奇妙的装法 ………………… 61
198．该怎么下注 ………………… 55	224．残局 ………………………… 61
199．赌注太小 …………………… 55	225．抽顺子 ……………………… 61
200．斗地主残局 ………………… 56	226．五打一（2）………………… 61
201．取牌博弈（1）……………… 56	227．换牌逻辑 …………………… 62
202．取牌博弈（2）……………… 56	228．盒子与锁 …………………… 62
203．取牌博弈（3）……………… 56	
204．巧翻扑克 …………………… 56	**答案** …………………………… **63**
205．翻扑克（1）………………… 56	
206．翻扑克（2）………………… 56	**参考文献** ……………………… **121**
207．巧辨花色 …………………… 57	

一、扑克巧推理

1. 10 张扑克牌

在一副扑克牌中抽出 10 张,其中 1 张 J、2 张 Q、3 张 K、4 张 A。将这 10 张牌排列成一个三角形:第一排放 1 张扑克牌,第二排放 2 张扑克牌,第三排放 3 张扑克牌,第四排放 4 张扑克牌。它们的排列还须满足下列条件:

(1) 第四排没有 A;
(2) 每排相同内容的扑克牌不得超过 2 张;
(3) A 不能与 K 放在同一排。

问题 1:下列(　　)排列符合以上条件。

A. 每排有 1 张 A
B. 第一排、第二排、第三排各有 1 张 K
C. 所有的 A 和 Q 都放在前三排
D. 所有的 A 放在第二排和第三排
E. 第三排内有 2 张 K

问题 2:第二排必须由(　　)组成。

A. 2 张 A
B. 2 张 K
C. 1 张 A 和 1 张 K
D. 1 张 K 和 1 张 J
E. 1 张 J 和 1 张 Q

问题 3:下列(　　)可以组成第三排。

A. 1 张 K 和 2 张 A
B. 1 张 K 和 2 张 Q
C. 1 张 Q 和 2 张 A
D. 1 张 Q 和 2 张 K
E. 1 张 J、1 张 A 和 1 张 Q

问题 4:在所有的排列中,2 张 Q 在(　　)中可以排在一行内。

A. 第二排
B. 第三排
C. 第四排

D．第二排，第四排

E．第三排，第四排

问题5：如果所有的A都被排在第二排和第三排，那么下列（　　）判断是正确的。

A．在2张A中间夹着1张J

B．第一排是1张K

C．当1张K放在第四排时，1张Q在同一排内毗邻于它

D．第三排中有1张J

E．第三排中有1张Q

问题6：如果有1张A排在第三排，那么（　　）判断是错误的。

A．当1张Q放在第三排时，同排有1张A毗邻于它

B．第三排中间1张是A

C．第一排是1张A

D．第二排的2张扑克牌都是A

E．第三排中间1张是J

问题7：任何一种排列都肯定有（　　）情况出现。

A．1张A在第一排

B．J在第三排

C．有1张Q在第三排

D．2张Q都放在第四排

E．有2张K在第四排

2．分别有几张牌

一天，一位数学教授去同事家做客。他们坐在窗前聊天时看到4个孩子在玩扑克牌。数学教授问同事的孩子甲："你们现在每个人手里分别有几张牌？"

甲："我的牌最多，乙的其次，丙的再次，丁的牌最少。我们的牌的总数加起来不超过18张。可也真巧，如果把我们每个人的牌数相乘，乘积正好是我们家的门牌号，这个号码您是知道的。"

教授："让我来试试把你们每个人的牌数算出来吧。不过要解这个问题，已知数据还不够。请告诉我，丁的牌数是一张呢，还是不只一张？"

甲回答了这个问题。教授听后，很快就准确地计算出了他们每个人手中牌的数目。

请问：你在不知道甲家门牌号码和丁是否只有一张牌的情况时，能否算出这道题呢？

3．谁去做饭

一副扑克一起出去玩，玩到中午都饿了。大王说谁去买些食物吧，结果其他53张牌你

一、扑克巧推理

推我，我推你，谁也不想去。最后红桃6说：我建议一个人去，大家肯定都没有异议！说出来以后，大家都说有道理！

请问：红桃6建议买食物的人是谁？

4. 扑克的线索

在X楼里有一对夫妇死在自己的家中，是先后死亡，丈夫A先生的死亡时间是下午5:00，妻子B女士的死亡时间是下午4:00。凶器是一把水果刀，刀上只有B女士的指纹。家里的东西都被翻乱了，财务也被洗劫一空。尸检报告是这样的：B女士身中一刀致死，丈夫A先生身中6刀致死，但是6刀中有1刀的伤口是被处理过的，即是止过血的。

这对夫妇有两个孩子，一个是6岁的儿子，还有一个15岁的女儿，当时6岁的儿子躲在一边看到了整个案发经过，但是由于受到过度惊吓，短时间内不能开口说话。

警察请来了专家，这位专家给小儿子4张牌：1张J、2张Q和1张K。小儿子将1张J和1张Q折了一下竖直地放在台上，令它们像站立的样子；另一张Q被撕碎了一点，然后平放在台子上，好像是躺着的样子，最后一张K，孩子把它撕得粉碎。

警察根据这4张牌的不同摆放，再根据对各种情况的综合调查，终于查出了事实的真相。

请问：这4张牌分别代表什么意思？不同的摆放又代表什么意思？事实的真相究竟是怎样的？

5. 轮流猜花色

在一档电视节目里，主持人和几个很聪明的人一起玩一个游戏。

主持人先把3张黑桃、4张红桃、5张方块亮给大家看，然后请大家背对桌子站着，主持人从12张牌里挑出10张放在桌子上。游戏开始，主持人先从桌子上的10张牌中拿走一张，然后让一个人转过身来，问他能否根据桌子上的牌推测出刚才主持人拿走的是什么花色。如果他推测不出来，主持人就再从桌子上拿走一张牌，并请下一个人转过身来根据桌子上的牌和前面人的回答来推测主持人最近一次拿走的那张牌的花色。

请问：有直到10张牌全部被拿走都没人能推测出牌的花色的可能吗？

6. 小魔术

这是一个小魔术，由两个人配合与一名观众一起表演。一副扑克牌去掉大王和小王，余 52 张。由观众随机抽 5 张给魔术师的助手，助手看完牌后选择 1 张牌扣在桌面上，并把另外 4 张牌按某种顺序排成 1 排。观众按顺序将 4 张牌的花色和点数说给魔术师听。魔术师听过后准确无误地说出了开始扣在桌子上的那张牌是什么。当然，魔术师和助手在之前讨论过方案。另外，助手在整个过程中不能以任何其他方式将信息透露给魔术师。

请问：魔术师的策略是什么？

7. 跳跃魔术

你的朋友告诉你，他今天要跟你打个赌：他首先把一副扑克牌洗好，把除了大王和小王以外的 52 张牌依次扣在桌面上，然后他把第二张牌翻开，是方块 5；他向后数 5 张牌，翻开后是梅花 4，然后又向后数了 4 张牌，以此类推，每一次翻开的牌上面的数字是几，就向后走几步（J、Q、K 按 1 计算）。最后，当翻开红桃 5 时，已经接近牌的末尾，无法再向后数了。

接着，他把除了最后翻开的红桃 5 以外的所有牌都翻回去。然后他说："你可以从第一张牌到第十张牌任意选一张开始，重复我的过程，如果你最后的一张牌也停在红桃 5 上，那么你就输了；如果你最后一张牌不是红桃 5，我输。"

请问：你敢跟你的朋友打这个赌吗？

8. 很古老的魔术

A 和 B 两人表演魔术。A 从一副完整的 54 张纸牌中任意抽出 5 张，然后选择其中 4 张牌按照自己选定的顺序正面朝上摆在桌面上。B 看完这 4 张牌后就可以猜出剩的那一张是什么。当然，B 只可以通过这 4 张牌的花色、点数及其排列顺序进行判断，A、B 之间没有传递其他的信息。具体策略是 A、B 事先约定好的，而且就算表演者不小心在纸牌中混入了一两张错牌（与其他 54 张皆不同），他们的策略也能保证表演的成功。

请问：你能设计出这样的策略吗？

9. 洗牌（1）

有一副牌 52 张，编号为 1～52。初始状态是 1～52 号按自下而上顺序排列。现在开始洗牌。假如我洗牌技术一流，每次分成的两部分都为 26 张牌，而且每次洗下来都左右各一张相间而下。这样，第一次洗后的状态是：1，27，2，28，3，29，…，26，52。

请问：洗几次后又会回到初始状态 1，2，3，4，…，51，52？

10. 洗牌（2）

10 张扑克牌用和上一题相同的手法洗牌，即每次分成的两部分都为 5 张牌，而且每次

一、扑克巧推理

洗下来都左右各一张相间而下。要洗几次才会回到原来的排列方式？

11．洗牌技术

有一天，豆子和小羽在看电视上的一个魔术节目。魔术师邀请了5位现场观众上来参与表演，他先让观众检查他手上的牌有没有问题，然后请观众在52张扑克牌中任选25张。魔术师将这25张牌分成5组，让5位观众各选一组，再从各自选择的那组中选出一张"记在心里"，不可以跟任何人讲，没有人知道观众心里记得是什么牌，当然，魔术师也不知道。然后魔术师将25张牌收回来，开始重新洗牌，只见其手法利落，纸牌如飞般地重新编组，然后他又将牌分成5组，先拿出第一组5张，问5位观众，是否这5张中有他们心中的牌。若有则点头，但不需说出是哪一张；若无则摇头。当然，第一组牌问完后又问第二组牌，以此类推。最后魔术师在5个观众面前分别放一张牌，然后问观众这张牌是否就是他们心中的牌。当然，结果就是他们心中记忆的牌。

电视机旁的小羽想一想然后说："这不过是巧用数学罢了。"在一旁的豆子一边拼命鼓掌一边兴奋地说："如果我有他的洗牌技术，我也可以表演这个魔术。"

请问：小羽说的是真的吗？

12．三明治（1）

请看下图，这6张扑克牌是按什么规则排列的呢？

13．三明治（2）

如果在12题的6张牌基础上再加2张4，你能把全部8张牌重新进行排列，仍然满足A和A之间是1张，2和2之间是2张，3和3之间是3张，4和4之间是4张吗？

14．取牌游戏

一个有意思的小游戏，两个人轮流从A～K取牌。一个人一次只可以取1张牌或者大小相连的2张牌，谁取到最后的那张牌谁就是赢家。有一个聪明的小姑娘发现，只要使用一个技巧，就可以在这个游戏中获胜。那么，这个获胜的人是先取的人还是后取的人？需要用什么方法呢（K和A、A和2、2和3都算是大小相连的牌）？

15．第9张牌

一副牌54张，先数出30张牌，在数牌的时候记下第9张，然后把30张牌的牌面朝下放到一边。假如剩下牌的第一张是5，就从5开始数，一直数到10作为第1个牌列。以此类推，数出3个牌列（如果每个牌列的第一张遇到J、Q、K，就放到手里剩余牌的最后，

再继续数)。3个牌列摆好后,把剩下的牌放到先前数好的30张牌上。现在把3个牌列的第一张拿出来相加得出一个数,再根据该数数旁边牌堆里的牌,会发现对应那个加数的牌正好就是你之前记的第9张牌。

请问:每次数3个牌列时都是随机的,为什么第9张每次都能猜出来呢?

16. 第 11 张牌

有21张牌,表演者把这21张牌洗好后,在桌上排成7列,每列3张。然后,表演者请一位观众心里默默记住其中的任意一张牌,并只告诉表演者这张牌在哪一行。表演者把观众没有记牌的两行中的一行从左到右收起,再把观众记牌所在的那一行从左到右收起,最后将剩下的一行也从左到右收起。

接着,表演者把收成一叠的牌从左到右重新摆成7列,每列3张。摆完以后,问记牌的观众他刚才所记的牌在哪一行,观众回答完以后,表演者按上次收牌的顺序和方向把牌收好,重新把牌摆成新的7列,再问观众他记的牌在哪一行,观众回答后,表演者把牌按上述的顺序和方法再收起来,并重新摆成7列,然后表演者指着最中间的第11张牌对观众说,这张就是你记的牌。

请问:这个魔术的原理是什么?

17. 猜牌术

表演者将一副牌交给观众,然后背过身,请观众按他的口令去做。

(1) 在桌上摆3堆牌,每堆牌的张数要相等(假如是15张),但不要告诉表演者。

(2) 从第2堆牌中拿出4张牌放到第1堆里。

(3) 从第3堆牌中拿出8张牌放到第1堆里。

(4) 数一下第2堆牌中还有多少张牌(本例中还有11张牌),从第1堆牌中取出与第2堆相同数的牌放在第3堆牌中。

(5) 从第2堆牌中拿出5张牌放在第1堆牌中。

表演者转过身说:"把第2堆牌、第3堆牌拿开,那么第1堆牌中还有21张,对不对?"观众数一下,果然还有21张。

请问:这其中有什么诀窍?

18. 神机妙算

小明和小李两个人想玩扑克牌,小明忽然想起一个主意,把牌递给小李,说:"我有一套神机妙算的本领,要不要试试?"

"神机妙算?算什么?"

"算牌!我转过身,不看牌,你照我的步骤做。第一步,发牌。把牌分为左、中、右3堆,各堆牌的张数相同,但是不要说出有几张。第二步,从左边一堆拿出两张牌放进中间一堆。第三步,从右边一堆拿出一张牌放进中间一堆。第四步,从中间一堆往左边运牌,使左边一堆牌的张数加倍。现在数数看,中间一堆还剩几张牌?"

"数过了,不告诉你。"

"不说也知道,中间还剩5张牌!"

"你怎么知道的呢?"

"是算出来的,神机妙算!"

请问:你知道小明是怎么算出来的吗?

19. 花色组合

从一副牌中去掉所有的方块,只剩下3种花色。现在从中抽出4张牌,能得到多少种花色组合?

20. 3张牌的组合

有红桃、黑桃、梅花三种花色的A~5共15张牌,从中抽出3张,这3张牌的大小组合共有多少种?

21. 3张牌的顺序(1)

把3张扑克牌牌面朝下放成一排。已经知道:

(1) 有一张Q在一张K的右边;

(2) 有一张Q在一张Q的左边;

(3) 有一张黑桃在一张红桃的左边;

(4) 有一张黑桃在一张黑桃的右边。

请问:能确定这3张分别是什么牌吗?

22. 3张牌的顺序(2)

3张扑克牌牌面朝下在桌上排成一行。已经知道:

(1) 方块在J的右边;

(2) 梅花在方块的左边;

(3) A在K的左边;

(4) 红桃不在K的右边。

请问:能确定这3张分别是什么牌吗?

23. 3张牌的顺序(3)

桌子上有3张扑克牌排成一行。已经知道:

(1) 右边的两张牌中至少有一张是A;

(2) A左边的两张牌中也有一张是A;

(3) 方块左边的两张牌中至少有一张是红桃;

(4) 红桃右边的两张牌中也有一张是红桃。

请问：这3张分别是什么牌？

24．3张牌的顺序（4）

桌子上有3张扑克牌，排成一行。已经知道：
（1）红桃在A左边；
（2）梅花在Q左边；
（3）黑桃和J不相邻；
（4）黑桃和红桃不相邻。
请问：这3张分别是什么牌？

25．盲打扑克

两个象棋大师在洗澡间一边冲澡一边大喊"炮八平五""马八进七"，等澡洗完了，一盘精彩的棋局也结束了。棋类游戏之所以可以"盲下"，就是因为在棋类游戏中，双方的信息都是完全公开的。

现在两个人想通过一部电话打牌，但他们都不信任对方。打牌和下棋不一样，每个人在开局时都不知道对方手里有哪些牌，因此如果你说出方块A，应如何证明自己手里有方块A？或者如何在牌局结束后证明自己没有作弊？也就是有没有可能仅通过一部电话实现某种扑克牌协议，该协议能够实现随机的、隐蔽的、公平的发牌，不需要其他任何帮助，并且保证游戏的公正性呢？

26．死亡信息（1）

澳大利亚某公寓中，905号房间外已经被封锁，警察正在盘问四周的邻居，而在走廊外面拐角处的电梯口，两男一女3个人坐在长板凳上，女生双手捂着脸在啜泣，旁边的一个男子时不时会安慰两句，而另一个男子则不耐烦地交叉着双手，左脸颊微微肿起。

叮咚！电梯到达的声音响起，一个身穿衬衫的少年打着哈欠从电梯里走了出来，身旁还跟着一名警探。"Mark，大清早就把我叫来，你也太不厚道了吧……"少年瞪着一双惺忪的睡眼，不悦地对身旁的警探说道。Mark警探拍了拍少年的肩头，笑道："哦，Jacky，我的朋友，谁让你住在这附近呢？你也该知道，如何更好地利用资源也是警察的必修课之一。" 少年叹了一口气，看了一眼坐在长板凳上的3个人后，眼中的睡意顿时散去一半，随即便和警探拉开了警戒线，从走廊进入了犯罪现场。

大厅里一个房间用木板隔了出来，进入房内，掀开分隔房间与大厅的帘子后，少年那残留的睡意立刻消失无踪——就在他的面前，一具早已没有生气的尸体瞪大着双眼，身体坐在椅子上，脑袋耷拉在靠背上，张大的嘴巴以及那一双充血的双眼仿佛在诉说着自己的不甘。

"这还真是……Mark，这是我同学啊……"看着眼前坐在椅子上的尸体，Jacky苦笑着揉了揉太阳穴，戴上了随身携带的白手套。

"死者名叫唐越，20岁，华人留学生，Tay学院的学生，学院魔术俱乐部的成员之一，性格孤僻易怒……唔，很不讨人喜欢的家伙，不过不得不承认，他的小魔术挺吸引人的。"

Jacky边说边打量着房间，房间并不大，一张床、一张桌子、一把椅子便占了房间一半的

一、扑克巧推理

空间,另一半则堆放着杂乱的衣物、行李箱以及大量的塑料袋,桌子上除了笔记本电脑外,还散落着一些扑克牌,不过大部分扑克牌都散落在地上,桌子下面有一对不错的音箱,还有一个垃圾篓,里面凝固着一坨黑色的硬块,垃圾篓里还有烧过东西的痕迹。

"死者的死因是勒颈导致的窒息死亡,脖子后面有轻微的挫伤,死亡时间推测是昨晚 7:00 到 9:00。"Mark 拿着刚刚得到的尸检报告说道:"不过很奇怪,死者脖子上的勒痕很怪异,看上去不像绳子,也不像细线。"

"的确很奇怪……"Jacky 打量着死者脖子上的勒痕,勒痕的上下两头并不明显,但是越往中间颜色越深,痕迹上还有一些十分细小的纹印,很是怪异。

Mark 将用塑料袋套好的证物拿了出来:"还有,我们在死者凳子下面的夹缝里发现了这个,很有可能是死者留下的死亡信息。"塑料袋中是一张完整的黑桃 A 和一张被撕去了有 A 那两个角的梅花 A,整张扑克牌牌面上只有一个黑色的梅花。

"死亡信息啊……这个暂且放一边,嫌疑人方面怎么样了?"

"这栋大楼进出都需要钥匙卡,所以嫌疑人肯定是住在这里的,经过排除之后,嫌疑人有 3 个,就是在电梯口椅子上坐着的那 3 个人。住在 125 号房间的 Alice 是死者的女友;死者的好友是住在 603 号房间的 Eric;还有住在死者楼下,也就是 805 号房间的 Club。根据公寓其他人的证词,这 3 人当天都和死者发生过激烈的争吵,而且都有作案的时间与动机。"

"Alice 在今天 15:00 左右和死者在底楼入口处发生争吵,随后不欢而散,有目击者听到 Alice 临走前曾经愤怒地大吼着'你这样的人怎么不去死'的话。"

Jacky 耸了耸肩调笑道:"很显然死者是个榆木脑袋,不懂得怎么讨好女孩子。"

Mark 笑了一声,继续说道:"大概在 Alice 与死者争吵的半个小时之后,死者的邻居听到死者房里传出怒骂声,随即见到一个人摔门而出,经过描述以及确认,是死者的好友 Eric。根据调查,Eric 喜欢 Alice,不过在与死者竞争中失败,随后与死者相交,用你们中国人的话来说就是'不打不相识',因为脾气很好,所以是少数几个能忍受死者暴躁的人之一。"

"Club 与死者的争吵发生在 17:00,邻居们都听到了,但因为不是第一次了,所以没几个人出来凑热闹。不过据看到的人说,死者在争吵中给了 Club 的左脸一拳,那个伤现在还留着呢!实际上因为死者开音响经常吵到住在 805 的 Club,所以 Club 经常从防火通道上楼让死者调小音量,不过他和死者的对话常常演变成争吵,两人的关系几乎差到一见面就吵架的地步。"

"唔,真是让人头疼啊……这 3 个都是我们学校的学生!"Jacky 揉着太阳穴,想了想,"Alice 是学院里数一数二的美女,而且学过一些防身术,加上本身就是运动型的女孩,所以要勒死一个人并不困难;Eric 是那种什么事情都会做得很好的天才,当初为了追 Alice 加入了魔术俱乐部,而且很快便成为里面的第 1 名;Club 是那种比较老实但是生起气来十分可怕的类型,最近在附近的一个工地里找到了一份处理沙土的临时工作。唔,我有点头绪了,不过我想你应该给我一些证词。"

"当然,我的朋友。根据公寓附近一个华人商店的店员陈述,死者 19:00 在他们那里买过薯片,因为是熟客所以记得;再者就是 Eric 在 19:15 左右也在他那里买过一些日用品;Club 在大概 20:00 的时候敲过死者的家门,根据邻居的说法,貌似那小子还暴力地在上面踹

优等生必玩的扑克游戏——培养数学思维

了两脚，声音就连八楼的人都听见了；而 Alice 则是在 20:05 返回了公寓，电梯里的摄像头拍到了，那丫头似乎哭了一场。哦，对了，根据死者的手机显示，这段时间 Alice 给死者打了七八次电话，Eric 打过一次，估计都是为下午争吵的事情吧。"

"你也知道，这里的防火通道是可以连通每个楼层的，而里面又没有监视器，所以他们3人每个人都有作案的可能，加上死者所住 905 号的房主这两天和他的女朋友出去度假了，905 就只有死者一人，而 3 名嫌疑人也都有可能知道这件事情而选择这个时间作案。"

"唔……如果是这样……那么从死者的死亡信息来看，就可以确定凶手是谁了……为保险起见，还是去防火通道看看吧，如果我猜得没错，那里应该会留下什么。"Jacky 扬起了嘴角，Mark 知道这个少年侦探的习惯，一般在他露出这种表情的时候，事件基本就已经解决了。

少年蹲在只允许两个人并排的防火通道里，看着墙角最近才被蹭掉的石灰粉，笑了。

"果然如我所料……Mark，现在一切都解释得通了，凶器、死亡信息以及凶手！"

请问：他是怎么知道的？

二、玩牌想逻辑

27. 排队发牌

在操场上有 6 名学生，排列在一条直线上，从左至右编号分别为 1～6。现在有 5 张不同花色的扑克牌——一张黑桃 A、一张方块 A、一张红桃 A、一张梅花 A、一张王牌，需要发给这些学生。一个学生只能发一张牌，这样不管怎样安排，都会有一名学生没有牌。而且，这些牌必须按以下条件发给这些学生：

(1) 方块 A 必须离红桃 A 近,离王牌远；
(2) 黑桃 A 必须发给紧挨在王牌左边的人；
(3) 梅花 A 不能与王牌毗邻；
(4) 红桃 A 不能发给 1 号学生。

问题 1： 下列各组从左至右的发牌方法不符合以上条件的一组是（　　）。

A．方块 A、红桃 A、梅花 A、不发牌、黑桃 A、王牌
B．方块 A、红桃 A、不发牌、黑桃 A、王牌、梅花 A
C．方块 A、梅花 A、红桃 A、黑桃 A、王牌、不发牌
D．梅花 A、不发牌、黑桃 A、王牌、红桃 A、方块 A
E．不发牌、方块 A、梅花 A、红桃 A、黑桃 A、王牌

问题 2： 如果方块 A 必须发给紧邻黑桃 A 左边的人,那么下列（　　）是符合条件的。

A．红桃 A、方块 A、黑桃 A、王牌、不发牌、梅花 A
B．梅花 A、红桃 A、不发牌、方块 A、黑桃 A、王牌
C．不发牌、红桃 A、方块 A、黑桃 A、王牌、梅花 A
D．不发牌、梅花 A、红桃 A、方块 A、黑桃 A、王牌
E．不发牌、红桃 A、梅花 A、方块 A、黑桃 A、王牌

问题 3： 如果改变已知条件,将红桃 A 发给 1 号。那么只有一种可能,这种可能是（　　）。

A．红桃 A、不发牌、方块 A、梅花 A、黑桃 A、王牌
B．红桃 A、不发牌、方块 A、黑桃 A、王牌、梅花 A
C．红桃 A、方块 A、不发牌、王牌、黑桃 A、梅花 A
D．红桃 A、梅花 A、不发牌、黑桃 A、王牌、方块 A
E．红桃 A、方块 A、不发牌、黑桃 A、王牌、梅花 A

28. 分别是什么牌

桌子上放着 6 张扑克牌，分为上下两排，每排 3 张。这 6 张牌的编号分别为 1、2、3、4、5、6。其中 1 号在某一排的中间位置，且和其他的牌的位置有着如下的关系：

(1) 1 号的旁边是红桃 A；
(2) 红桃 A 的对面是方块 A；
(3) 方块 A 的隔壁是大王；
(4) 4 号的对面是 6 号；
(5) 6 号的隔壁是黑桃 A；
(6) 6 号与梅花 A 在同一排。

请问：1 号是什么牌呢？

29. 赌神比赛

赌术比赛中，4 名赌术高手赌王、赌圣、赌神、赌鬼进行单循环赛，成绩排在最后的一位将被淘汰，其余分列冠、亚、季军。如果几个人的负场数相等，则他们之间需要进行附加赛。赌王在比赛中至少能胜一场，那么他是否可以确保在附加赛之前不被淘汰？是否一定能获奖？为什么？请写出解题步骤，并简单说明。

30. 纸牌的排列

桌子上放着一排纸牌，红桃 K 和红桃 Q 分别位于两端。梅花 Q 在方块 Q 的旁边，并且与黑桃 K 之间隔了两张牌，黑桃 Q 在黑桃 K 旁边，并且与红桃 Q 的距离比与红桃 K 之间的距离更近；方块 K 在梅花 Q 旁边；梅花 K 与黑桃 K 之间隔着 4 张牌；方块 Q 在梅花 K 旁边。

请问：
(1) 方块 K 和梅花 Q 中，哪张牌离红桃 Q 较近？
(2) 哪张牌与红桃 K 之间隔着两张牌？
(3) 哪张牌在红桃 Q 旁边？
(4) 哪张牌位于方块 K 和黑桃 K 之间？

31. 猜数字

老师在 2 张扑克牌上分别写了一个 1～80（大于 1 小于 80）的自然数，将二者之积告诉同学 P，二者之和告诉同学 S。老师请两位同学推算出这两张牌上的自然数分别是多少。

S 说："我知道 P 肯定不知道这两个数。"
P 说："那么我知道了。"
S 说："那么我也知道了！"
其他同学："我们也知道啦！"
……

请问：你能猜出老师在扑克牌上写的两个自然数分别是什么吗？

二、玩牌想逻辑

32．单张

爸爸、妈妈和儿子一起玩一种纸牌游戏，一共35张牌，其中有17个对子，还有一个单张。

（1）爸爸发牌，先给妈妈1张，再给儿子1张，然后给自己1张。如此反复，直到发完所有的牌。

（2）在把手中成对的牌拿出之后，每人手中至少剩下1张牌，而三人手中的牌总共是9张。

（3）在剩下的牌中，妈妈和爸爸手中的牌加在一起能配成的对子最多，儿子和爸爸手中的牌加在一起能配成的对子最少。

请问：唯一的单张发给了谁？

提示：应判定出给每个人发了几张牌以及每两个人手中的牌加在一起能配成对子的数目。

33．名字与花色

小红、小黑和小方3个人分别抓了一张牌。

其中一人说："我的是红桃！"然后他惊喜地对同伴们说："真有意思，3张牌正好是红桃、黑桃和方块，但小红抓的不是红桃，小黑抓的不是黑桃，小方抓的也不是方块。"

小黑看了一圈说："真的是这样，你要是不说，我还没注意呢！"

请问：你能猜出小红、小黑和小方各抓了什么花色的牌吗？

34．消失的扑克牌

计算机课上，老师说："今天我给大家做一个试验。请打开计算机桌面上的附件"，背景上浮现出大卫·科波菲尔的脸，然后出现了6张扑克牌，都是不同花色的J到K，每张都不一样。然后老师继续说道："请在心里默想其中的一张。不要用鼠标选中它，只是在心里默想。看着我的眼睛，默想你的卡片，然后按空格键。"

我选了红桃Q，按照步骤我轻轻一按空格键，画面一变，原来的6张牌不见了，然后出现了一行字："看！我取走了你想的那张卡片！"我急忙去看，天哪！扑克牌只剩下5张，红桃Q不见了！真的不见了！！

我大吃一惊，马上再来一遍，这次选了黑桃K。几个步骤下来，黑桃K又不见了！

我百思不得其解，其他的同学也同样惊讶，看来他们也被神奇的魔术震慑住了。这时，老师说："你们是不是觉得很神奇呢？其实答案很简单。"他说出了谜底。他的回答令我再次失声惊呼："竟然这么简单！"

请问：你知道这个魔术是怎么变的吗？

35．5张扑克牌

桌子上有5张扑克牌摞成一堆。黑桃A不是第一张；红桃A不是第一张，也不是最后一张；方块A在黑桃A后面一张；梅花A不是第二张；大王在梅花A后两张。

请问：你知道这5张牌的顺序是什么吗？

36．谁没有输过

爸爸、妈妈和儿子3个人玩了两局纸牌游戏，其玩法是：3人轮流从别人手中抽牌，如果配成了对子，便打出这对牌。如果一个人从第二个人手中抽并打出一个对子之后手中已经无牌，则轮到第三个人抽牌，这时就从第二个人手中抽。直到最后一人手中还有牌的，此人便是输者。

巧的是，这两局牌在接近尾声的时候都满足下面的条件：

（1）爸爸只有1张牌，妈妈只有2张牌，儿子也只有2张牌；这5张牌包括2个对子和1个单张，但任何人手中都没有对子。

（2）爸爸从妈妈手中抽了1张牌，但没能配成对。

（3）妈妈从儿子手中抽了1张牌，随后儿子从爸爸手中抽了1张牌。

（4）在任何一盘中，没有一人手中两次拿着同样的一手牌。

（5）没有一人连输两盘。

请问：在两局游戏中，谁没有输过？

37．3人分牌（1）

桌上放有若干张牌。甲把这些牌平分成3份，发现还多了一张，就拿走了其中的一份和多出来的那张牌。乙把剩下的牌继续平分成3份，也多了一张，他也拿走了其中的一份和多出来的那张牌。丙把剩下的牌继续平分成3份，还是多了一张，他也拿走了其中的一份和多出来的那张牌。

请问：一开始最少有多少张牌？

38．花色游戏

几个男孩在一起玩牌，每个人抽12张牌。已知这些牌只有红桃、黑桃和方块这三种花色，而且方块比黑桃少，黑桃又比红桃少。因此，每个人拿的时候红桃要拿得最多，方块要拿得最少，并且每种花色的牌都要拿到。

小明先拿了12张牌，其他的男孩子也都拿了自己的牌，最后发现，这些牌的张数刚好可以让大家按要求拿到自己的牌。几个男孩最后把牌互相看了一下，发现拿法全都不一样，而且只有小强有4张黑桃。小明对小刚说："我的红桃比你多。"

小刚突然说："咦，我发现我们3个人的方块一样多！"

"嗯，是啊！"小华附和说，"咦，我怎么掉了一张牌！"说着把脚边的一张方块捡了起来。

几个男孩手里总共有26张红桃。

请问：这里有多少个男孩？各种花色的牌各有多少张？

39．纸牌游戏

在一次公司的面试中，Q 先生、S 先生和 P 先生一起做游戏。Q 先生拿了两张相差为 1 的牌。他把一张牌贴在 S 先生额头上，另一张贴在 P 先生额头上。于是，两个人只能看见对方额头上的牌。

Q 先生问："你们谁能猜到自己头上的牌？"

S 先生说："我猜不到。"

P 先生说："我也猜不到。"

S 先生又说："我还是猜不到。"

P 先生又说："我也还是猜不到。"

S 先生仍然猜不到；P 先生也猜不到。

S 先生和 P 先生都已经三次猜不到了。

可是，到了第四次，S 先生喊起来："我知道了！"

P 先生也喊道："那么我也知道了！"

请问：S 先生和 P 先生头上各是什么数？

40．牌的花色

有 3 张红桃和 2 张黑桃扣在桌上，将其中的 3 张保持背面朝上分别放到围坐在桌前的 A、B、C 三人面前。三人同时将自己面前的牌亮给另外两人看，使每人都只能看见其他两人的牌，却看不到自己牌的花色。问 A："你知道自己的牌是什么花色了吗？"A 回答说："不知道。"接着，又以同样的问题问 B。B 想了想之后，也回答说："不知道。"最后问 C。C 回答说："我知道我的牌是什么花色了。"当然，C 是在听了 A、B 两人的回答之后才做出的回答。

请问：C 的牌是什么花色？

41．花色问题

甲和乙正在玩扑克牌，甲手中有 13 张牌，其中：

（1）每种花色的牌至少有一张；

（2）各种花色的牌的张数不同；

（3）红桃和方块总共有 5 张；

（4）红桃和黑桃总共有 6 张。

请问：甲手里哪种花色的牌有 2 张？

42．什么花色最多

某人手中有 13 张扑克牌，这些牌有如下情况：

（1）没有大王、小王，但红桃、黑桃、方块、梅花四种花色都有；

（2）各种花色牌的张数不同；

（3）红桃和黑桃合起来共有 6 张；

（4）红桃和方块合起来共有 5 张；

(5) 有一种花色只有 2 张牌。

请问：此人手中什么花色的牌最多？有几张？

43．扑克牌的花色

一张扑克牌背面向上放在桌上，你能不能想出一个最简单的办法，立刻知道这张扑克牌的点数和花色？

这张牌花色是什么呢？

44．还剩几张牌

甲、乙、丙 3 人玩牌，玩到一半的时候发现，3 人手里都没有对子，而且只有乙有的牌和只有丙有的牌张数相等；有 5 张牌是乙或丙有而甲没有的；甲和乙都有而丙没有的牌有 1 张；只有甲有的张数比只有乙有的张数多 1 张；甲或乙有而丙没有的牌有 6 张；甲或丙有而乙没有的牌有 7 张；3 人都有的牌比只有甲有的牌少 1 张。

请问：

(1) 3 人都有的牌有多少张？

(2) 只有丙有的牌有多少张？

(3) 丙共有多少张牌？

45．成绩排名

小丽、小王、小刚、小明和小芳 5 个人打牌，结果小明不是第一名；小王不是第一名，也不是最后一名；小芳在小明后面一名；小丽不是第二名；小刚在小丽后两名。

请问：你知道这 5 个人的名次吗？

46．5 个女儿

于先生有 5 个女儿，一天她们 5 个人一起打牌。每人手里都有 8 张牌，而且 4 种花色的牌都有，4 种花色的牌加起来的总数也一样多，但是 5 个人牌的花色组合各有特色。5 个女儿的牌的情况是：

大女儿的牌中，红桃比其余 3 种花色加起来还多；

二女儿的牌中，黑桃比其余任何一种花色都少；

三女儿的牌中，红桃和方块之和与黑桃和梅花之和相等；

四女儿的牌中，方块是梅花的两倍；

小女儿的牌中，梅花和黑桃一样多。

请问：每个女儿的牌中 4 种花色各有多少种？

47．哪对被隔开了

有 8 张牌 4 个对子：对 3、对 4、对 5、对 6。每个对子都是一张红桃和一张黑桃。将这 8 张牌均匀地围成一圈放在桌上，而且只有一个对子没有相邻。

(1) 红桃 3 对面的牌是在黑桃 4 左边的黑桃；

(2) 红桃 5 左边的牌是在黑桃 6 对面的一张红桃；

(3) 黑桃 6 右边的是张红桃，在黑桃 3 左边第二位置上的红桃的对面。

请问：哪对牌被隔开了？

48．没有出黑桃

爸爸和儿子两人玩一种纸牌游戏，规则如下：双方先后各出一张牌为一圈。后手在每一圈中都必须按先手出的花色出牌，除非手中没有相应的花色，而先手则可以随意出牌。每一圈的胜方即为下一圈的先手。

开始的时候，双方手中各有 4 张牌，其花色分布如下。

爸爸手中：黑桃—黑桃—红心—梅花

儿子手中：方块—方块—红心—黑桃

(1) 双方都各做了两次先手；

(2) 双方都各胜了两圈；

(3) 在每一圈中先手出的花色都不一样；

(4) 在每一圈中都出了两种不同的花色。

请问：在打出的这 4 圈牌中，哪一圈没有出黑桃？

提示：王牌至少胜了一圈。王牌可以代替任何一种花色，它可以是：①在手中没有先手出的花色的情况下，出王牌，这样，一张王牌将击败其他三种花色中的任何牌；②与其他花色的牌一样作为先手出的牌。

从先手和胜方的可能序列中判定王牌的花色；然后判定在哪一圈时先手出了王牌并取胜。最后判定在哪一圈时出了黑桃。

49．高智商猜牌

P 先生和 Q 先生都有极强的推理能力，这天，他们共同接受了推理测试。

桌子的抽屉里有以下 16 张扑克牌：

红桃 A、Q、4；

黑桃 J、8、4、2、7、3；

梅花 K、Q、5、4、6；

方块 A、5。

教授从这 16 张牌里挑出一张，并把牌的大小告诉了 P 先生，把牌的花色告诉了 Q 先生。然后问两位先生，你们能从已知的点数或花色中推知这张牌是什么牌吗？

P 先生说："我不知道这张牌。"

Q 先生说："我知道你不知道这张牌。"

P 先生说："我现在知道这张牌了。"

Q 先生说："我也知道这张牌了。"

你猜是哪一张牌呢？

50．猜牌大小

甲、乙、丙是某教授的 3 个学生，3 个人都非常聪明。教授发给他们 3 人每人 1 张牌，并告诉他们3张牌的和是14。

甲马上说道:"我知道乙和丙的牌大小是不相等的!"

乙接着说道:"我早就知道我们3张牌的大小都不相等了!"

丙听到这里马上说:"哈哈,我知道我们每个人的牌多大了!"

请问:这3张牌分别是什么牌?

51. 两人猜牌

老师给皮皮和琪琪出了一道测试题。她给皮皮、琪琪每人一张牌,并说:"你们两人手中牌相乘的积是8或16。现在,你们能通过自己手中的牌,推算出对方手中的牌吗?"

皮皮看了自己手中的牌后,说:"我猜不出琪琪的牌。"

琪琪看了自己手中的牌后,也说:"我猜不出皮皮的牌。"

听了琪琪的话后,皮皮又推算了一会儿,说:"我还是推算不出琪琪的牌。"

琪琪听了皮皮的话后,重新推算了一会儿,很快说道:"我知道皮皮手中的牌了。"并说出了正确结果。

请问:你知道皮皮手中的牌是什么吗?

52. 五打一(1)

甲、乙、丙、丁、戊、己6个人一起打牌,其中前5个人一组,己一个人一组。他们按甲、乙、丙、丁、戊、己的顺序依次出牌。

这6个人手中的牌分别如下。

甲:3、5、大王

乙:Q、Q

丙:3、5、小王

丁:6、6

戊:7、7、2

己:2

其中3最小,王最大。可以出单牌,也可以出对子。如果一个人出光了牌且没人管,则他后面一位继续出牌。

请问:如何才能让5人的一组获胜。

53. 花色的张数

王先生和朋友们一起玩扑克牌。王先生手上拿着13张牌。黑桃、红桃、梅花、方块都有,但是每种花色的张数都不一样。黑桃跟红桃一共6张,黑桃跟方块一共5张。王先生手中有2张某种花色的扑克牌。

请问:哪种花色的牌有2张呢?

54. 扑克数字游戏

小李、小王、小刘、小方、小邓和小周6个人在一起玩扑克牌数字游戏,用的是一副牌中的2~9,共32张牌。每人随机摸5张牌,且只能看见自己的牌。所有人将自己的5张牌排列组成一个5位数。请根据下面这些话判断剩下的两张牌是什么。

小李："无论如何排列，我的数字都可以被36整除。"

小王："无论如何排列，我的数字都不可能被从2～9的所有整数整除。"

小刘："我的5张牌是一个顺子，也就是5个相邻的数字。"

小方："这么说来，咱们6个人能够组出的5位数中，最大的数和最小的数都在我这里了。"

小邓："我能够组出来的5位数中，最小的可以被5整除，最大的可以被8整除。"

小周："这样啊！那么除了小方以外的5个人能够组出的5位数中，最大的数和最小的数都在我这里了。"

55．谁的牌

有4个人的外号分别是J、Q、K和A。他们4人手里各拿了一张牌，正好也分别是J、Q、K和A。已经知道：

(1) 每个人手里的牌同他的外号不同；

(2) Q手里的牌不和拿着Q的人的外号相同；

(3) K手里的牌不和拿着J的人的外号相同；

(4) J手里的牌不和拿着A的人的外号相同；

(5) A手里的牌不是Q。

请问：你能猜出每个人手里各是什么牌吗？

56．出牌顺序

甲、乙、丙、丁4人玩扑克牌游戏，每人分别拿红桃、黑桃、方块、梅花的1～10的10张牌。每一回合一人出一张牌，10个回合4人均按自己的意愿把10张牌出完。规则是每一回合中出牌点数最大的人得1分，其他人得0分，如果最大点数的牌有两张或以上时，4人都记0分。

4人打完一轮后，出现了以下特征：

(1) 只有第3、7、10回合无人得分；

(2) 4人的得分均不相同，按得分从高到低排列，正好是甲、乙、丙、丁；

(3) 4人中有人按1～10的递增顺序出牌，也有人按10～1的递减顺序出牌；

(4) 没有人在连续的两个回合中都得1分；

(5) 4人出的牌正好可以排成连号（如1、2、3、4）的情况有两次；

(6) 把4人出的牌的点数相加，有4次得数为20，有2次得数为25。

请问：丁在第二回合出的是哪张牌？

57．3人扑克

甲、乙、丙3人打牌，最后每人还剩4张牌，而且：

(1) 没人手里有对子；

(2) 每人手里的牌加起来都等于17；

(3) 乙有两张牌分别与甲的两张牌一样，乙的另两张牌与丙的两张牌一样；

(4) 甲与丙只有一张牌相同；

(5) 每人手里的牌都没有大过 7 的。

请问：3 人手里各是哪几张牌？

58．扔扑克

有 5 张扑克牌，分别是 A、2、3、4、5，背面写着 a、i、u、e、o，但是顺序不同。把这些扑克牌随意散放，第一次出现了 A、2、5、a、o，第二次出现了 A、3、a、i、u。

请问：哪张牌的背面是 o？

59．牌的顺序

红桃 A、2、3、4、5、6 六张牌摞在一起。已知：

(1) 红桃 3 在红桃 5 的上面；

(2) 红桃 A 在红桃 6 的下面；

(3) 红桃 5 不是第 5 张；

(4) 红桃 4 和红桃 A 之间隔着 2 张牌；

(5) 红桃 2 在红桃 5 的下面，并紧挨着红桃 5。

请问：第 4 张牌是什么？

60．洗好不能吃

什么东西洗好了却不能吃？

三、图形有技巧

61. 分4等份

右图是一张长方形的纸,要求把这张纸等分成大小和形状完全一致的4份。

请问:你有多少种分法?

62. 拼图

有一张长方形的纸,它的长为16厘米,宽为9厘米,现在要求把它剪成大小相等、形状相同的两部分,然后再把它拼成一个正方形。

请问:你能做到吗?

63. 难题

一天,小明吃过晚饭后,还想吃巧克力,爸爸说:"我给你出个题目吧。如果你能把这10张扑克牌排成5排,每排要有4张,我就给你吃巧克力,怎么样?"

请问:你能做到吗?

64. 巧放扑克牌

如果有3张扑克牌,怎么放才能让每两张牌之间的距离相等? 4张扑克牌如何放能让每两张牌的中心距离都相等?

65. 同样大的扑克

如下图所示,请在3个空格中放入同样大的扑克牌,使等式成立。

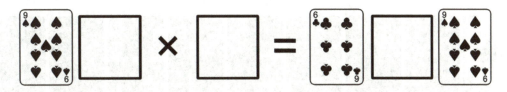

66. 字母问题

下页图中的牌阵中每种牌都代表了一个数字,而右侧和下部的数字则表示该行或列所有牌代表的数字的总和。

请问:你能把问号处所代表的数字算出来吗?

优等生必玩的扑克游戏 ——培养数学思维

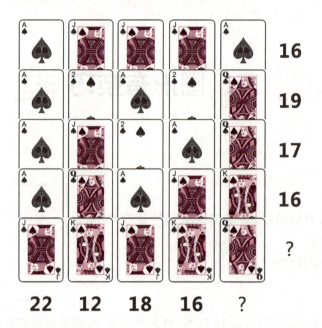

67. 有多少个答案

在下面的牌中间添上一些加、减运算符号,使答案等于100。你能找到多少种方法(不可加括号,两牌之间不一定必须有运算符号)?

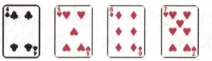=100

68. 剪扑克

一张缺了一个角的纸牌(缺角的大小和位置随意),怎样才能直直地一刀剪下去,将这张纸牌剪成大小相等的两部分?

69. 调转扑克

将9张扑克牌排成一排,其中只有1张正面朝上。现要求每次任意翻转7张,到第4次时使所有的牌都正面朝上。试试看,你能做到吗?

70. 6张扑克牌

有A和2~6共6张牌,现在要把这6张牌在桌上放成一个圆圈,但是大小差1的牌不能相邻,比如2和3不能相邻。另外,3和5也不能相邻。

请问:该怎么放呢?

三、图形有技巧

71．猜扑克牌

桌上扣着8张已经编号的扑克牌，它们的位置如右图所示。

在这8张牌中，只有K、Q、J和A这4种牌。其中至少有一张是Q，且Q都在两张K之间，至少有一张K在两张J之间，没有一张J与Q相邻，其中只有一张A，没有一张K与A相邻，但至少有一张K和另一张K相邻。

请问：你能找出这8张扑克牌中哪一张是A吗？

72．扑克占卜

富美子小姐用25张扑克牌占卜。她把25张扑克牌背面朝上排成一个5×5的方阵，然后由左上角的扑克牌开始翻开，如果是黑桃，就接着翻开它下面的那张牌。如果是红桃，就翻开它上面的牌；如果是方块，就翻开左边的牌；如果是梅花，就翻开右边的牌。然后重复同样的操作。如果她要翻的位置没有牌或者已经被翻过来了，则游戏结束。最后翻过来的扑克牌越多，就表明越吉利。富美子小姐把所有的扑克牌都顺利地翻了过来，直到右下角的终点。

请问：除了右下角的那一张，其余的24张中红色和黑色的扑克牌哪种更多？多了几张？

73．线条推理

下面的问号处应该画一个什么图形？

74．九宫之法

将A和2~9这9张牌排成3行，每行3张牌，使每行、每列及两条对角线的3张牌相加的和都是15。你能做到吗？

75．换牌

A、2、3、4、5五张扑克牌按顺序摆成一排，相邻的两张可以互换位置，问怎样通过三次互换使其变成5、4、3、2、A的顺序？

76．拼凑出10

请在下图的4张牌之间添加括号和＋、×、÷（顺序不限），使计算结果是10。

77．三重 J、Q、K

下面是一个由 J、Q、K 组成的等式，J、Q、K 分别是 1～9 中不同的三个数字，那么它们分别相当于哪些数字呢？

JJJ+QQQ+KKK=JQQK

78．用符号计算 21

如果牌阵按照下图所示的方法分割成 4 部分，那么每种扑克所代表的数值各为多少，各组的总值计算下来才能都等于 21 呢？

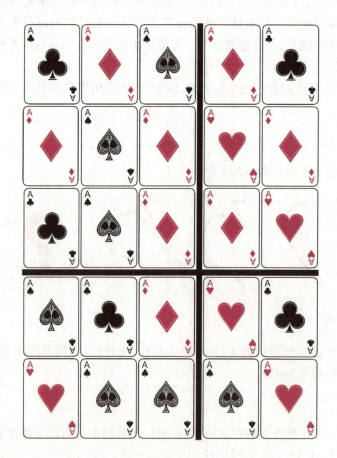

79．超级透视

一位会透视的魔术师瞅着一张扑克牌的背面说："虽然只有上半部分能透视，但我能看到有 2 只黑桃。"这是张极普通的扑克牌，请问这张扑克牌是黑桃几？

三、图形有技巧

80．猜牌游戏

爸爸手里拿了一张方块的扑克牌对小明说："如果我拿放大镜放大这张牌的一部分,会发现呈现右边的图形。"你能猜出这张牌是方块几吗?

81．从长方形到正方形

现有扑克牌 12 张,要求用这些扑克牌同时组合出多个正方形,但是不能折扑克牌,不能重叠扑克牌,不能剪断扑克牌。你能组合出多少个正方形?

82．4 的游行

在下图的方框中填入 +、-、×、÷,使计算结果为 1996。

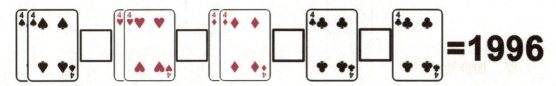

83．花色填数

下图中的每一种花色均代表一定的数值。请问右侧的问号处应为什么数字?

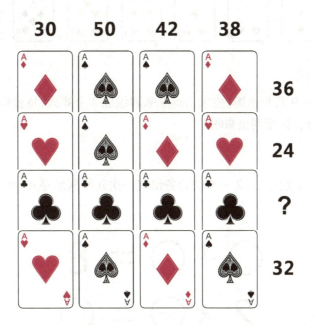

84．用五角计算 24

请从 A、J、Q、K 中选出 10 张牌并摆入图中空位,使得下面的五角星中每条直线上 4 张牌的和都为 24(J、Q、K 分别算作 11、12、13)。

优等生必玩的扑克游戏——培养数学思维

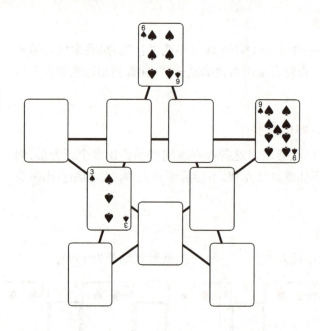

85. 加符号

在下面的牌中间添上四则运算符号（可以加括号,且两牌之间并不一定要有运算符号）,使结果等于50。

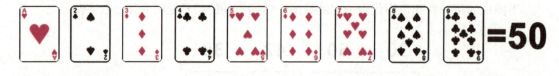

86. 扑克牌算式

桌上有A和2～9共9张牌,要求用这9张牌组成3个算式,每张牌只能用一次,而且只允许用加号和乘号。你能列出来吗?

87. 全体报到

有以下3个等式,要使A、2～9的牌各出现一次并能满足等式,那么方框处应该是什么牌呢?

$$\bigcirc + \bigcirc = 8$$
$$2 \times \bigcirc = \bigcirc$$
$$\square - \bigcirc = \bigcirc$$

四、数字里面藏

88. 计算24点（1）

下列牌组经过怎样的加、减、乘、除运算可以得到24（牌的顺序可以调整）。

10，10，4，4

3，3，8，8

3，3，7，7

89. 计算24点（2）

用扑克牌1、3、4、6通过加、减、乘、除计算出24。注意每个数字只能用一次。

90. 3张牌

桌上有3张牌，它们的乘积与它们的和一样。

请问：这3张牌是什么？

91. 扑克比赛

5个人进行扑克比赛，每两个人互赛一场。比赛的结果如下。

甲：2胜2败；

乙：0胜4败；

丙：1胜3败；

丁：4胜0败。
请问：戊的成绩如何？

92．赢了几局

甲、乙两人玩扑克牌游戏，十局过后，丙问两人各赢了几局。

甲答道："我赢的局数乘以2，乙赢的局数乘以3，两个数加起来是26。"

丙说："哦，我知道你们各赢几局了。"

请问：丙是怎么计算的呢？

93．猜牌数

小明手里有一叠扑克牌，总数为10～36中的一个奇数，且可以被3整除；张数的个位数与十位数相加的和在4～8中，张数的个位数与十位数相乘的积也在4～8中。你知道小明手里有多少张扑克牌吗？

94．教授的牌

小王去教授家做客。教授夫人出了一道题要考一下小王："我从A、2～9里抽两张牌，把它们连成一个2位数的时候，这个2位数的3次方是4位数、4次方是6位数，并且这个4位数和6位数的各个数字正好是0～9这10个数字，而且没有重复。你能算出我抽的是哪2张牌吗？"

95．5张牌

5张不同的牌，它们的和为15，积为120，你能说出是哪5张牌吗？

96．庄家分牌

桌上有若干张牌，如果每个人分1张牌还剩1张牌，如果每个人分2张牌还少2张牌。

请问：一共有几个人？桌上有几张牌？

97．符号逆转

我们都知道＋和－是相反的符号，×和÷也同样是相对的。但有时候，即使左右两边所有符号都相反，等式也能成立。下面等式里的J、Q、K分别代表1～9中的哪个数字等式才能成立呢？

$$(J+Q) \div K = (J-Q) \times K$$

四、数字里面藏

98．分牌

4个人分桌上的一堆牌，甲拿全部牌的一半加半张，乙拿剩下牌的一半加半张，丙拿再剩下牌的一半加半张，丁拿最后剩下牌的一半加半张。这样4个人正好把牌分完。

请问：这堆牌一共有几张？

99．扑克牌

把一副没有大王和小王的52张扑克牌仔细洗好，然后分成各26张的A、B两堆。如果可以分一万次，那么分多少次后，能使A堆中的黑牌与B堆中的红牌张数相等？

100．3人分牌（2）

3人分桌上的一堆牌。第一个人把牌平均分成3份，发现多了一张，于是把其中一份和多的那张牌都拿走；第二个人把剩下的牌平均分成3份，发现也多了一张，于是把其中一份和多的那张牌都拿走；第三个人把剩下的牌也平均分成3份，发现又多了一张，于是把其中一份和多的那张牌拿走。3人把剩下的牌平均分成3份，发现还是多了一张。

请问：这堆牌最少有多少张？

101．国王的重赏

传说国王打算重赏扑克牌的发明人。这位聪明人跪在国王面前说："陛下，请您为扑克牌的第一张赏给我一粒麦子，第二张赏给我两粒麦子，第三张赏给我四粒麦子，照这样下去，每一张牌都比前一张牌加一倍，就可以了。"国王说："你的要求不高，我会让你如愿以偿。"说着，他下令把一袋麦子拿到宝座前，计算麦粒的工作开始了。令人吃惊的事情出现了：还没到第20张牌，袋子已经空了，一袋又一袋的麦子被扛到国王面前，但是，麦粒数增长得那样迅速，而扑克牌的张数却增长得非常慢。国王很快发现即使拿出全国的粮食，也兑现不了他对扑克牌发明人许下的诺言。

请问：国王应给发明人多少粒麦子？

102．牌的张数

甲、乙、丙3人在一起玩牌，玩到一半的时候，互相报剩下的牌的张数。

甲对乙说："真巧，如果我用6张牌换你1张，那么你的张数就是我的2倍。"

丙对甲说："如果我用14张牌换你1张，那么你的张数将是我的3倍。"

乙对丙说："要是我用4张牌换你1张，那么你的张数将是我的6倍。"

请问：你知道他们各自还有多少张牌吗？

103．公主选婿

相传有位公主曾出过这样一道题：桌子上有若干张牌，取牌的一半多1张给第一个人，再取剩下牌总数的一半多1张给第二个人，又取剩下牌总数的一半多3张给第三个人。这时，桌子上的牌全部分给了3个人。

请问：桌子上原有多少张牌？

104．4张牌

有4张牌组成一个4位数，这4张牌倒着顺序组成的新的4位数正好是原来数的4倍。

请问：这4张牌是什么？

105．12张扑克牌

有12张扑克牌，包括A、2和5三种，牌面加起来的数字为36（A相当于1），其中有5张扑克牌是一样的。

请问：这5张一样的扑克是什么牌？

106．巧分牌

桌上有45张牌，你能把这些牌分成4份，并且使第一份加2，第二份减2，第三份乘以2，第四份除以2所得的结果一致吗？

107．牌的顺序

将A、2、3、…、K共13张牌按照某一特定顺序排好，然后倒扣在手中，从上往下依次抽牌。将第1张牌抽出，放在整摞牌的最下面，再取出第2张牌并放桌上；将第3张牌抽出，放在整摞牌的最下面，然后取出第4张牌并放桌上；将第5张牌抽出，放在整摞牌的最下面，然后取出第6张牌并放桌上……直到手中的牌全部被取出为止。最后发现取出的牌的顺序正好是A、2、3、…、K。

请问：你知道最开始的时候这13张牌的顺序是什么吗？

108．扑克八强

某市举行的一场扑克牌大赛进入了八强赛，A、B、C、D、E、F、G、H的个人名次关系如下：

(1) B、C、D这3人中B最高，D最低，但不是第八名；

(2) F的名次为A、C名次的平均数；

(3) F比E高4个名次；

(4) G是第四名；

(5) A比C的名次高。

请问：你可以判断他们分别是第几名吗？

109．死亡信息（2）

一天上午10点，某酒店的服务员打开313房间准备打扫卫生，发现一名男子倒在了血泊之中死了。她马上报了警。不到10分钟，警察来到现场。发现房间中间有一张桌子，上面和地下散落着一副扑克牌。死者就躺在桌子下面,脑袋被钝器所伤,血流了一地。旁边有个碎掉的啤酒瓶,看上去像是凶器。

调查发现,死者是一名高中数学教师,他与3名同事来这里度假。昨天晚上他们4人在一起打牌,一直打到半夜12点多。在牌桌上,几个人产生了一些矛盾,可能因为这些矛盾,才惹出了这场杀身之祸。凶手是在散场并且各人都回自己房间以后,独自一人来到死者房间杀死死者的。

其他3名同事分别为:住在312房间的甲,女性,英语老师;住在314房间的乙,男性,物理老师;还有住在315房间的丙,男性,化学老师。

后来,警察又发现了一条重要线索,死者的右手紧紧攥着一张皱了的扑克牌。这也许是死者留给警察的一条死亡信息吧。

请问:你知道这条死亡信息指的是什么吗?哪位同事有可能是凶手?

110. 移动扑克牌

一天,妈妈给小明出了一道奇怪的题目,她让小明移动一张牌到一个新的位置,使得下面的等式成立。你能做到吗?(不允许移动运算符)

$$62-35=1$$

111. 分扑克牌

4个人分一摞扑克牌,这摞牌一共有48张。分配方法如下:第1个人的牌数加3,第2个人的牌数减3,第3个人的牌数乘以3,第4个人的牌数除以3,所得的结果都一样。而且这摞牌必须全部分完,不能有剩余。

请问:你知道应该怎么分吗?

112. 另类分牌

有种扑克牌游戏是这样分牌的:总数的一半加半张给第1个人,剩下牌的一半加半张给第2个人,再剩下的一半加半张给第3个人,再剩下的一半加半张给第4个人,而且这样正好能分完,并且每个人都是整数张。

请问:一共有几张牌?

113. 5人数牌

有5个人一起打牌,打了一会儿发现A与B共有14张牌,B与C共有20张牌,C与D共有18张牌,D与E共有12张牌。而且,A和E剩的牌一样多。如果C把他的牌和B、D的牌放在一起平均分为3份,各取其一,然后其他的人也这么做:D同C、E平分,E同D、A平分,A同E、B平分,B同A、C平分。这样分下来,最后每个人的牌数一样多,并且在分的过程中没有出现把牌撕开的现象。

请问:你能计算出每个人各剩多少张牌吗?

114. 4人取牌（1）

有A、2～9共9张扑克牌。甲、乙、丙、丁4个人每人取2张,剩余一张扑克牌。

甲说：我2张的数字之和是10；

乙说：我2张的数字之差是1；

丙说：我2张的数字之积是24；

丁说：我2张的数字之商是3。

请问：他们4人各拿了哪2张纸牌,剩余的一张又是什么牌？

115. 4人取牌（2）

有A、2～9共9张扑克牌。甲、乙、丙、丁4个人每人取2张,剩余一张扑克牌。

甲说：我2张的数字之和是7；

乙说：我2张的数字之差是4；

丙说：我2张的数字之积是6；

丁说：我2张的数字之商是3。

请问：他们4人各拿了哪2张纸牌,剩余的一张又是什么牌？

116. 4人取牌（3）

有A、2～9共9张扑克牌。甲、乙、丙、丁4个人每人取2张,剩余一张扑克牌。

甲说：我2张的数字之和是6；

乙说：我2张的数字之差是5；

丙说：我2张的数字之积是18；

丁说：我2张的数字之商是2。

请问：他们4人各拿了哪2张纸牌,剩余的一张又是什么牌？

117. 4人取牌（4）

有A、2～9共9张扑克牌。甲、乙、丙、丁4个人每人取2张,剩余一张扑克牌。

甲说：我2张的数字之和是6；

乙说：我2张的数字之差是2；

丙说：我2张的数字之积是6；

丁说：我2张的数字之商是3。

请问：他们4人各拿了哪2张纸牌,剩余的一张又是什么牌？

118. 4人取牌（5）

有A、2～9共9张扑克牌。甲、乙、丙、丁4个人每人取2张,剩余一张扑克牌。

甲说：我2张的数字之和是8；

乙说：我2张的数字之差是5；

丙说：我2张的数字之积是18；

丁说：我2张的数字之商是2。

请问：他们4人各拿了哪2张纸牌，剩余的一张又是什么牌？

119．4张扑克牌

有4张扑克牌，把它们的点数乘起来的积为15。那么，这4张扑克牌分别是多少点？

120．3个孩子

3个孩子在一起玩扑克牌，每个孩子手中有4张牌，这12张牌的点数各不相同，当然都不超过13点。换句话说，在A（相当于1）至K（相当于13）这13张牌中，除了某张牌外，其余的牌都分到了3个孩子手中。如果把每个孩子的牌的点数加起来，可以得到以下的结果。

孩子甲：总数为41，包括一张Q；

孩子乙：总数为22，包括一张5；

孩子丙：总数为21，包括一张4。

只有孩子甲手中有2张牌只相差1点。

请问：

(1) 最大点数的牌在谁手中？

(2) 每个孩子手中的牌分别是什么？

五、纸牌测概率

121. 扑克牌赌局

有一种赌博方式很简单：赌桌上画着标有 1、2、3、4、5、6 的 6 个方格，参赌者可以把钱押在任意 1 个方格中作为赌注，钱多钱少随意。庄家面前扣着三堆扑克牌，分别是红桃 A、2、3、4、5、6，方块 A、2、3、4、5、6 和梅花 A、2、3、4、5、6。庄家从每堆牌中分别抽出一张，如果有 1 张牌的点数是你所押的方格的数字，就可以拿回你的赌注并从庄家那里得到与赌注相同数量的钱；如果有 2 张牌的点数与你所押的方格的数字相同，那么就可以拿回你的赌注并得到 2 倍于赌注的钱；如果有 3 张牌的点数与你所押的方格的数字相同，就可以拿回你的赌注并得到 3 倍于赌注的钱；当然，如果每张牌都不是你所押的数字，赌注就被庄家拿走。

举例来说，假设在 6 号方格押了 1 元钱。如果有 1 张牌是 6，就可以拿回 1 元钱并另外得到 1 元钱；如果 2 张牌是 6，就可以拿回 1 元钱并另外得到 2 元钱；如果 3 张牌都是 6，就可以拿回 1 元钱并另外得到 3 元钱。

参赌者可能会想：我所押的数字猜中一张牌的概率是 1/6，因为有 3 张牌，所以赢的概率为 3/6，也就是 1/2，所以这个赌局是公平的。

请问：这个赌局真的公平吗？如果不公平，那么是对庄家有利还是对参赌者有利呢？有多少利？

122. 抽牌游戏

3 个朋友去郊外参加运动，教练拿出 3 张扑克牌，让他们抽运动项目，其中红桃 A 代表骑马，黑桃 K 代表踢球，梅花 Q 代表射击。3 人抽完之后，教练自己拿过来看了后说："你们能猜到自己抽到什么项目了吗？"

甲想了想说："我抽到的是骑马。"

乙说："丙抽到的肯定不是踢球。"

丙说："我抽到的不是射击。"

教练说："你们只有一个人猜对了，并且你们 3 个人中，有 2 个人抽到了同一个项目。"

请问：你能判断出这 3 个人各抽到了哪个项目吗？

五、纸牌测概率

123．抽扑克牌

有 24 张扑克牌，上面分别写着 1～24 这 24 个数。

甲、乙两个人按以下规则选取扑克牌：轮流选取一张，然后在数字前加一个正负号。扑克牌全部抽完后将这 24 个数相加，和设为 S。

甲先开始，他选取扑克牌和添加符号的目的是使 S 的绝对值尽量小；乙的目的则与甲相反，使 S 的绝对值尽量大。

假如两个人足够聪明，那么最后得到的 S 的绝对值是多少呢？

124．打扫卫生

甲、乙两个人都不愿意打扫卫生，于是甲对乙说："我们抽牌决定吧，现在这里有 A、2～10 共 10 张牌，我们每人抽一次，每次抽两张。如果两张牌上的数字之和为 1～10，就算你赢；如果两个数之和为 11～20，就算我赢。输的人打扫卫生，怎么样？"乙同意了。抽牌结果乙输了，他只好打扫卫生。第二天，乙才明白自己上了甲的当，那种抽法并不公平。

请问：为什么这种抽法不公平？两种抽法的概率差了多少？

125．6 色相同

从一副完整的扑克牌中至少抽出多少张，才能保证至少有 6 张牌的花色相同？

126．牌色概率

30 张红桃和 70 张黑桃混在一起放在桌上，甲从中随机抽出一张。乙偷看后说甲抽到的是黑桃。根据当时的情况，乙偷看正确的可能性是 80%。

请问：甲抽到的确实是黑桃的概率到底是多少？

127．轮流抽牌游戏

两个男孩轮流抽牌，并且说好谁先抽到红桃或方块谁赢。

请问：谁有优势呢？

128．抽牌概率（1）

在一副已经洗乱的扑克牌（加一张王，共 53 张），随机不断抽出牌。

请问：先抽到王后再把 4 张 A 抽出的概率是多少？

129．抽牌概率（2）

在一副已经洗乱的扑克牌（去掉大王和小王共 52 张）中随机抽出 5 张牌。

请问：抽到同花顺的概率是多少？

130．抽牌概率（3）

在一副牌中去掉花牌，只留下 A、2～10 共 40 张牌。现在从中抽出 6 张。

请问：

(1) 在这 6 张中有至少 3 张 A 的概率是多少？

(2) 在这 6 张中 A、2、3 各至少有一张的概率是多少？

131．免费的午餐

有位同学每天中午都去同一家食堂吃饭。食堂的师傅对他说："你是常客，我给你一些优惠。你把 A 到 K 共 13 张牌排成一排，如果你能把 13 张牌所有的排列顺序全部排出来，以后无论吃什么，我都免费。怎么样？"

请问：这位同学能吃到免费的午餐吗？

132．花色组合

一副扑克牌去掉大王和小王后剩下 52 张，如果每个人任意从中抽出 2 张牌，需要多少个人才能保证其中有 2 个人所抽的两张牌的花色组合是一样的？

133．红黑相同

现有一副扑克牌去掉大王和小王后共 52 张。洗牌后分成 A、B 两组，各 26 张。

请问：这时 A 组中的黑色牌数和 B 组中的红色牌数相同的概率有多大？

134．巧装扑克牌

有 100 张扑克牌，要求分别装入 12 个盒子，并且每个盒子里的扑克牌中必须有一个"3"。

请问：要如何装才能满足要求？

135．花样扑克牌

有一个人经常变着花样玩扑克牌。一天，他摆出 3 张扑克牌，扑克牌正反两面分别画上√或 ×。他可以把这 3 张扑克牌给任何人，在不让他看到的情况下选出一张，放在桌上。只要他看了朝上那面后，就会猜出朝下的是什么标记。扑克上√和 × 占总数各半，且没有其他任何记号。

请问：你觉得他可能有胜算吗？

136．翻黑桃

4 张 A 背面朝上摆在你面前，发牌者告诉你，黑桃 A 在前 3 张里的概率是 90%。现在你翻开前两张发现都不是黑桃。

请问：黑桃 A 是第 3 张和第 4 张的概率分别是多少？

137．抽牌的概率

桌子上扣着 A、2～6 共 6 张牌，小李和小王抽牌比大小，即抽出一张牌看了大小后再放回去打乱重新抽。小李说，如果连续抽 4 次，那么这 4 次中必定有一次是 A。小王则认为：连续抽 4 次，要么一次 A 也没有，要么抽到 A 的次数多于 1 次。

请问：他们两人谁有更大获胜的可能？

五、纸牌测概率

138．抽牌

甲、乙两个人每人有 3 张牌。甲的 3 张牌是 4、6、8，乙的 3 张牌是 3、5、7。谁抽到的牌大，谁就获胜。

请问：如果游戏一直进行下去，最后谁会赢得更多呢？

139．扑克牌

桌上放着红桃、黑桃和梅花三种牌，共 20 张。
(1) 桌子上至少有一种花色的牌少于 6 张；
(2) 桌子上至少有一种花色的牌多于 6 张；
(3) 桌子上任意两种牌的总数不超过 19 张。

请问：上述论述中哪些是正确的？

140．赌红黑

甲和乙玩游戏。甲取出一副扑克牌并去掉大王和小王，剩下红色的牌和黑色的牌各 26 张。洗好牌后，甲依次翻开每一张牌，让乙看到牌的颜色。乙可以在任意时刻打断甲，并打赌"下一张牌是红色"。乙的机会只有一次，如果他一直没打断甲，则默认他赌最后一张牌是红色。

请问：乙能想出一个胜率较大的策略吗？在这种策略下，他有多大的概率获胜？

141．抽牌概率问题

有 4 张扑克牌，分别是红 A、黑 A、红 2、黑 2。现在从中随机抽取 2 张牌，已知抽到了一张 A，请问 2 张都是 A 的可能性是多少？

有以下两种思路。

(1) 从 4 张牌中抽 2 张牌，一共有 6 种不同的方法。如果抽到了一张 A，那就排除了红 2 黑 2 这种组合，即还剩下 5 种可能。所以两张都是 A 的可能性是 1/5。

(2) 已抽到的那张 A 不是红 A 就是黑 A。假设是红 A，那么另一张只能是黑 A、红 2、黑 2，即两张都是 A 的可能性是 1/3。假设是黑 A，同理可知两张都是 A 的可能性也是 1/3。可见，已抽到的那张牌不论是红 A 还是黑 A，抽到两张 A 的可能性都是 1/3。所以答案是 1/3。

请问：上面哪种方法是错误的？错在哪里？

142．15 点

有一种纸牌游戏叫作"15 点"。规则很简单，桌子上放着 A、2～9 共 9 张牌。庄家和游戏者轮流从中取出一张牌，谁首先把加起来为 15 的三张牌抽到，谁就赢了。

第一局游戏是这样的：游戏者先拿牌，他拿掉了 7；庄家拿掉 8；游戏者拿掉 2，这样他下一轮再拿 6 就可以赢了。但庄家先把 6 拿走了，现在庄家只要在下一轮拿走 A 就可获胜了。游戏者看到这一威胁，便把 A 拿掉。庄家笑嘻嘻地拿走了 4。游戏者看到他下次拿 5 便可赢了，就不得不先把 5 拿走。但是庄家却拿了 3，因为 8+4+3=15，所以他赢了。可怜的游戏者输掉了这一局。原来其中有秘密：庄家有很大的获胜概率。

请问：你知道庄家是如何做到的吗？

143．红牌黑牌

一个人随手抽了两张牌，其中一张是红牌，请问另一张也是红牌的概率是多少？

六、看牌找规律

144．花纹一样（1）
我们平时玩的扑克牌中，有几张翻过来后和正面的花纹一样？

145．花纹一样（2）
我们平时玩的扑克牌中，有哪几张旋转180°后和原来的花纹一样？

146．剩下的一张牌
一副扑克牌的排列顺序是：第一张是大王，第二张是小王，然后是按4个A、4个2、4个3、4个4……4个J、4个Q、4个K的顺序排列，每种数字的牌又按黑桃、红桃、梅花、方块4种花色排列。一个人将按上述规律排列的扑克牌从上到下分别把第1张牌丢掉，把第2张牌放到最底下；再把第3张牌丢掉，把第4张牌放到最底下……如此下去，直到剩下最后一张牌。你知道剩下的这张牌是什么吗？

147．“尾巴”移上"脑袋"
下图中的6张扑克牌有这样的规律：将它乘以4以后，得到的数正好是将末尾的扑克放到开始位置。

请问：你能找出其他的有这种规律的扑克牌组合吗？

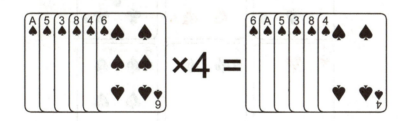

148．取牌游戏
有一个有意思的小游戏，桌上摆着A、2、3、…、J、Q、K共13张扑克牌，它们围成一个圆圈。两个人轮流取牌，规定一个人一次只可以取一张或者相邻的两张牌，谁取到最后的那张牌谁就是赢家。有一个聪明的小姑娘发现，只要使用一种技巧，就可以在这个游戏中一直获胜。

请问：这个获胜的人是先取牌的人还是后取牌的人呢？需要用什么方法呢？

优等生必玩的扑克游戏——培养数学思维

149．分放扑克牌

从前有一个外国使者，想难为一下年轻的王子，他拿出一副扑克牌和蓝色、红色两个盒子。使者对王子说："我们来做一个游戏，在开始的时候，要蒙上你的眼睛，我把54张牌分别往这两个盒子里面放，如果我往红盒子里放，每次放一张；如果我往蓝盒子里放，每次放两张。我每放一次，我旁边的同伴就会拍一次掌，当我放完后，你要说出有多少张牌在红盒子里。可以吗？"王子同意了。于是按要求去做，王子听到31次拍掌。他很快就说出了红盒子里扑克牌的数量。

请问：红盒子里有多少张牌？

150．扑克牌序列

你知道问号处代表的牌是什么吗？

151．隐含的规律

你能看出下面三组牌有何种关系吗？

提示：每一组牌都有一个相同的规律。

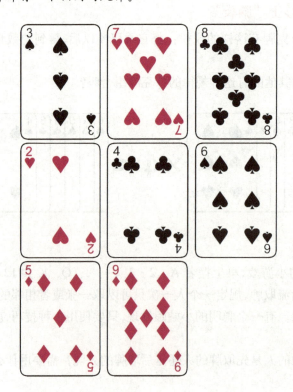

六、看牌找规律

152．放错的扑克牌

小月把扑克牌中黑桃 A～9 按下图排成三排。其中有一张位置错了,请问是哪一张?

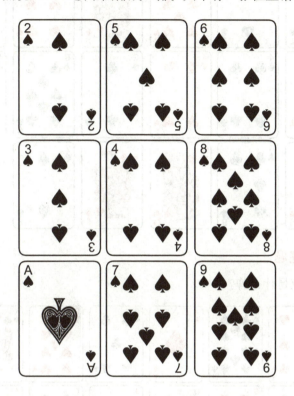

153．扑克牌的分类

小陈把几张扑克牌分成如下图的上下两组:

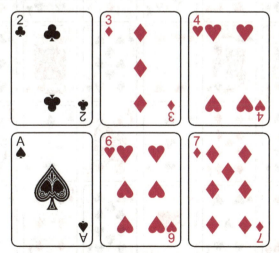

请问:梅花 5 该放到哪一组呢?

154．扑克牌方阵

根据下图中扑克牌方阵的规律,问号处应该是什么牌?

优等生必玩的扑克游戏——培养数学思维

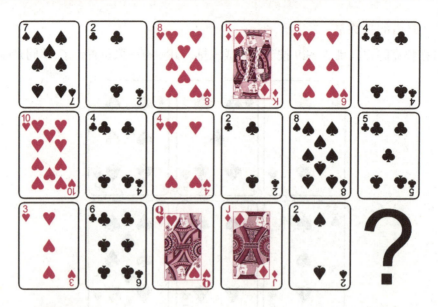

155. 扑克牌谜题

请问：问号处应是什么牌？

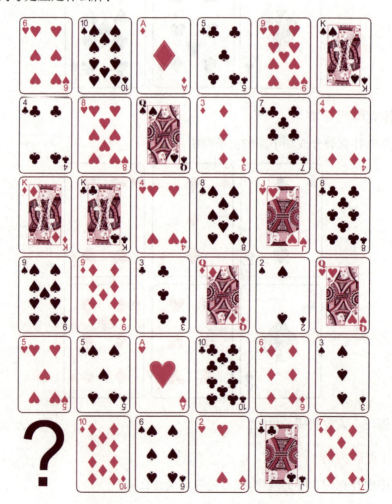

六、看牌找规律

156．扑克牌难题

请问：填什么牌能解答下图的这个难题？

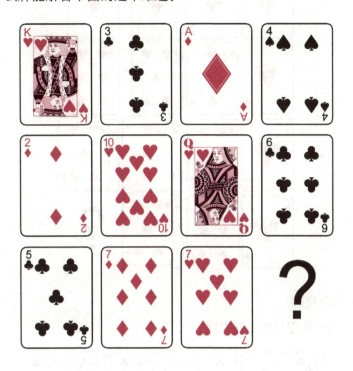

157．扑克牌逻辑

依照下图中的逻辑，9 应该是红桃还是黑桃呢？

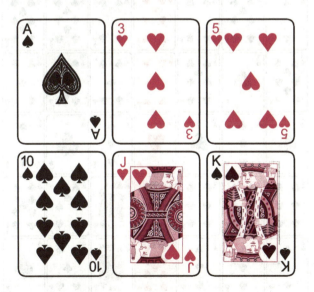

158．扑克牌矩阵

观察下图中的矩阵，根据规律，问号处应该是什么牌？

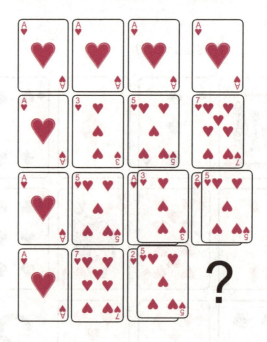

159. 奇妙的扑克牌

如下图所示,问号处应是哪张扑克牌?

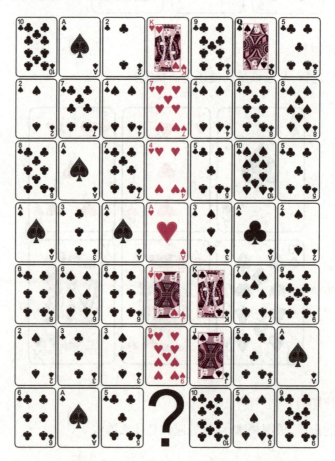

六、看牌找规律

160．趣味扑克牌

请问：哪张牌适合放在下图中的问号处？

161．替换问号

寻找规律，下图中的问号处应该是什么牌呢？

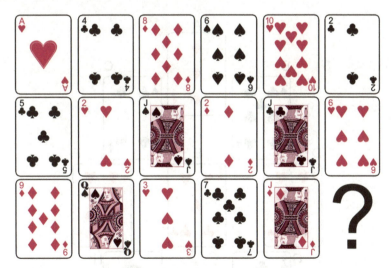

162．9张扑克牌

如下图所示，点数为2～10的9张扑克牌排成一个方阵，其中只有梅花8正面向上。已知10不在最右面的一列；每一行、每一列、每条对角线上3张纸牌的数字之和相等；相邻的扑克牌颜色互不相同；4个角的4张扑克牌为同一花色；方块比红桃的数量多；梅花和黑桃一样多。

请问：你能正确地推算出其他 8 张扑克牌吗？

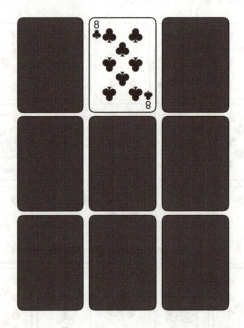

163．菱形扑克阵

如下图所示，9 张扑克牌摆放成一个菱形的图案，有一张牌被故意隐藏了起来。

请问：你能否找出规律，并猜出问号处是什么牌？

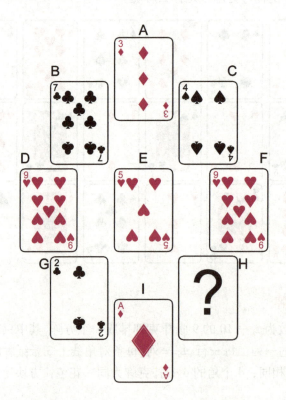

六、看牌找规律

164．折纸牌

如果把一张纸牌对折一下,然后用剪刀在折痕的中间剪一个洞,把纸牌展开后,纸牌上就会出现一个洞。如果把纸牌对折一下,再成直角对折一下,然后在最后折的一边中间剪一个洞,当把纸牌展开后,会得到 2 个洞。

请问：按这个方法,如果要得到 32 个洞,需要把纸牌折几次?

165．各不同行

你能把 25 张扑克牌摆成 5×5 的方阵,使每行、每列、每条斜线上都只有一张牌正面朝上吗?

166．数 13 抽牌

如下图所示,桌上有 13 张牌排成一圈,其中只有黑桃 A 正面朝上。现在从其中一张牌开始沿顺时针方向数到 13,把这张牌抽掉。然后继续数到 13,又把它抽掉,以此类推。

请问：如果想让黑桃 A 最后被抽掉,那么应该从哪张牌开始呢?

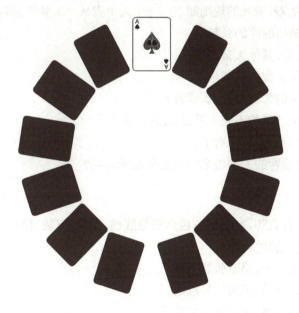

167．圆桌花色

有若干个朋友围坐在一张大圆桌旁,每人手里拿着一张扑克牌。这时小明发现,每个人的左右两个邻座手里拿的牌都是同色的。如果已经知道一共有 12 张黑色的牌,而小明手里拿的是红色的牌。

请问：你能算出一共有多少人吗?

168．拿扑克牌

小明手里有 n 张扑克牌,规则是：每次扔掉手里扑克牌总数的 2/3,然后摸 2 张牌入手,这算一次。经过 123 次之后,小明手里还有 3 张牌。

请问：你知道最开始的时候,小明手里有多少张扑克牌吗?

七、说话辨真假

169. 扑克牌游戏推理

甲、乙两人打扑克牌,最后两人手中各剩 8 张牌。甲吹牛说,他手里有一副"顺子",即 5 张连续的牌。乙根据自己手里的牌推测出甲在撒谎。

请问:乙怎么知道甲在撒谎?

170. 猜猜看

4 个人在玩猜牌游戏,游戏的规则如下:一个人负责从一堆牌里抽牌,牌数为 1~6 中任意数量,其他人猜他抽出的牌的张数。

当这个人抽完之后,其他人猜测如下。

甲说:"你抽出的张数不可能是 3。"

乙说:"你抽出来的张数是 4、5 或者 6。"

丙说:"你抽出来的张数不是 1 就是 2,或者是 3。"

结果他们之中只有一个人猜对了。

请问:你能猜出抽牌的人抽出来的到底是几张牌吗?

171. 猜花色

桌子上扣着 5 张扑克牌,它们的花色分别是红桃、黑桃、方块、梅花、王牌,现在由甲、乙、丙、丁、戊 5 个人猜这些牌的花色。

甲说:"第二张是方块,第三张是王牌。"

乙说:"第二张是梅花,第四张是红桃。"

丙说:"第一张是红桃,第五张是黑桃。"

丁说:"第三张是梅花,第四张是黑桃。"

戊说:"第二张是王牌,第五张是方块。"

事实上,5 个人都只猜对了一张,并且每人猜对的花色都不同。

请问:每张牌分别是什么花色?

172. 牌面的大小

甲、乙、丙、丁 4 个好朋友经常一起打牌。一局牌的最后阶段,他们手里都只剩下一张牌,关于这些牌的大小,他们有如下猜测。

甲说:"乙的牌比丁的牌小。"

七、说话辨真假

乙说:"甲的牌比丙的牌大。"

丙说:"我的牌比丁的牌大。"

丁说:"丙的牌比乙的牌大。"

很有趣的是,他们说的这些话中,只有一个人猜得正确,而这个人正是他们4个人中牌面最小的那一个(4个人的牌面大小各不相同)。

请将甲、乙、丙、丁4人的牌面按由小到大排列出来。

173．正面与反面

传说18世纪法国著名的数学家达朗倍尔发现了一个问题,那就是随便摸出两张扑克牌放在桌子上,会出现的情况只有三种:两张都是正面;一张是正面,一张是反面;两张都是反面。因此,两张都出现正面的概率是1/3。

请问:这位数学家错在哪里?

174．猜猜是什么牌

A、B、C、D、E、F、G 7个人猜桌上扣着的是什么牌,已经知道这张牌是A、2～7里的一张。

A说:"这张是3。"

B说:"不对,比3小2。"

C说:"你们都错了,比3小1。"

D说:"胡说!既不是A,也不是2,更不是3。"

E说:"我确信比4大1。"

F说:"不对!你弄颠倒了,比4小1。"

G说:"不管怎样,不会比6大。"

他们之中只有一个人猜对了。

请问:是哪一个人?桌上扣着的到底是什么牌?

175．王牌在谁手里

A、B、C、D、E、F、G、H 8人一起玩牌。大家讨论王牌到底在谁手里,下面是他们的对话。

A说:"要么在H手里,要么在F手里。"

B说:"如果王牌是黑桃A,那么是在我手里。"

C说:"我可以断定是在G手里。"

D说:"即使王牌是黑桃A,也不可能是在B手里。"

E说:"A猜错了。"

F说:"不在我手里,也不在H手里。"

G说:"不在C手里。"

H说:"A没有猜错。"

事实上,8人中有3人说对了。

请问:你知道王牌在谁手里吗?假如有5个人说对,又是在谁手里呢?

176．5人猜牌

A、B、C、D、E这5个人手里各有一张牌，已知这5张牌是3～7，5个人各自猜别人手里是什么牌。

A说："C是3，B是4。"
B说："A是5，E是6。"
C说："D是5，B是7。"
D说："B是3，E是4。"
E说："D是6，C是7。"

结果他们每人只猜对了一半。你能猜出这5人手里到底是什么牌吗？

177．手中的牌

甲、乙、丙、丁4人打牌，打到最后4个人一共还剩10张牌。关于每个人剩牌的张数，4个人分别说了一句话，其中，剩下2张牌的人说了假话，其他的人说了真话（可能不止一个人剩2张牌）。

甲说："乙和丙的剩牌总数为5。"
乙说："丙和丁的剩牌总数为5。"
丙说："丁和甲的剩牌总数为5。"
丁说："甲和乙的剩牌总数为4。"

请问：他们每个人分别剩几张牌？

178．手里的剩牌

3个人一起玩牌，玩到一半的时候统计各自手里的剩牌张数。

小王说："我还剩12张，比小李少2张，比小张多1张。"

小李说："我剩的张数在3个人中不是最少的，小张和我相差了3张，他剩了15张。"

小张说："我剩的张数比小王少，小王剩了13张，小李剩了11张。"

请问：如果3个人每个人说的3句话中只有两句是正确的，那么他们分别剩了多少张牌呢？

179．猜牌

小明和甲、乙、丙、丁4个人玩猜牌游戏。他从A、2～8这8张牌里抽了4张牌，然后让他们猜。

甲说："2、3、4、5。"
乙说："A、3、4、8。"
丙说："A、2、7、8。"

七、说话辨真假

丁说："A、4、6、7。"

听了4人的猜测后,小明说:"甲和丙两人猜对了2张牌,乙和丁只猜对了1张牌。"

请问:你能据此推导出小明抽了哪4张牌吗?

180．有几张红桃

3人手中各有一张牌,且3张牌不是红桃就是黑桃,其中拿红桃只说真话,拿黑桃只说假话。

甲说:"在乙和丙之间,至少有一张是红桃。"

乙说:"在丙和甲之间,至少有一张是黑桃。"

丙说:"我只说真话。"

请问:你能据此判断出有几张红桃吗?

181．4张牌比大小

有4个男孩手里各有一张牌,这4个男孩对话如下。

甲说:"4个人中,乙最大。"

乙说:"4个人中,丙最大。"

丙说:"我不是最大的。"

丁说:"甲比我大,丙比甲大。"

已知,其中只有一个人在说假话。

请问:4个人中谁的牌最大?从最大到最小的顺序是怎样的?

182．分别有多少张牌

3个人打牌,打了一半互相问还剩几张牌。

小刘说:"我还有22张,比小陈少2张,比小李多1张。"

小陈说:"我的牌不是最少的,李和我相差3张,小李有25张。"

小李说:"我的牌比小刘少,小刘有23张,小陈比小刘多3张"。

这3人爱开玩笑,他们每人说的3句话中都有1句是假的。

请问:3人各有几张牌?

183．如何活命

一位探险者去非洲探险,被当地的食人族抓了起来。食人部落有个传统,就是崇尚聪明的人。他们准备了3张扑克牌,两张是黑桃A,一张是红桃A。然后他们将3张牌扣在3个碗下面,并在碗上分别写了一句话作为提示:第一个碗上写着"这下面是张黑桃A",第二个碗上写着"第一个碗下面是红桃A",第三个碗上写着"这个碗下面也是黑桃A"。并且告诉探险者,这3句话中,只有一句话是真的。

请问:红桃A在哪个碗下面呢?

184．寻找梅花

4个人手里各有一张牌,分别是红桃、黑桃、方块、梅花。4个人每人说了一句话。

甲说："乙拿的是红桃。"

乙说："丙拿的不是红桃。"

丙说："丁拿的是方块。"

丁说："我就随便说说。"

已经知道只有拿着梅花的那个人说了假话，其他人说的都是真话。

请问：你知道每个人手里拿的是什么牌吗？

185．牌局胜负

A、B两人打牌，四个旁观的人对话如下。

张先生说："A赢了。"

李先生说："是B赢了。"

赵师傅说："前面两人说的话中，至少有一句是真的。"

王太太说："我可以肯定赵师傅说的是假的。"

已经知道王太太是个老实人，只会说真话。

请问：是谁赢了？

186．兔妈妈分牌

兔妈妈分别给三个孩子亲亲、宝宝、贝贝发了一张牌。每个兔宝宝拿到的牌的花色各不相同。请根据三位兔宝宝的发言，推断它们各拿到了什么牌。每个兔宝宝的话都有一半是真话，一半是假话。

亲亲说："宝宝拿到的不是红桃，贝贝拿到的不是黑桃。"

宝宝说："亲亲拿到的不是黑桃，贝贝拿到的不是方块。"

贝贝说："亲亲拿到的不是梅花，宝宝拿到的不是方块。"

你能推断出它们各拿到了什么牌吗？

187．下一张牌的花色

3个人猜桌上下一张牌的花色，梅花牌已经抓完了，所以3个人这样猜道。

甲说："一定不会是红桃。"

乙说："不是黑桃就是方块。"

丙说："那一定是方块。"

猜完后翻开牌一看，3人猜的3句话中至少有一句是对的，至少有一句是错的。

根据以上提示，你能猜出这张是什么花色吗？

188．盒子里的牌

在桌上放着A、B、C、D 4个盒子。每个盒子上都有一张纸条，分别写着一句话。

A盒子上写着："所有的盒子里都有牌。"

B盒子上写着："本盒子里有黑桃。"

C盒子上写着："本盒子里没有红桃。"

D盒子上写着："有些盒子里没有牌。"

如果这里只有一句话是真的,你能断定哪个盒子里肯定有牌吗?

189．判断花色

甲、乙、丙、丁4个人手里牌的花色各不相同,甲说:"我是红桃。"乙说:"我是黑桃。"丙说:"我是方块。"丁说:"我不是方块。"4个人中只有一个人说的是假话。以下哪项成立?

(1) 无论谁说假话,都能推出4个人各自的花色。
(2) 乙说的是假话,可推出4个人各自的花色。
(3) 丙说的是假话,可推出4个人各自的花色。
(4) 丁说的是假话,可推出4个人各自的花色。

190．猜牌

A、2～5共5张牌背面朝上放在桌上,现在由甲、乙、丙、丁、戊5个人来猜牌。

甲说:"第二张是A,第三张是2。"
乙说:"第二张是3,第四张是4。"
丙说:"第一张是4,第五张是5。"
丁说:"第三张是3,第四张是5。"
戊说:"第二张是2,第五张是A。"

事实上,5个人都只猜对了一张,并且每人猜对的牌都不同。

请问:每张分别是什么?

191．红黑纸牌

甲、乙、丙、丁、戊5个人在玩一个游戏,他们的额头分别贴了一张牌,黑桃和梅花为黑色牌,红桃和方块为红色牌。每个人都不知道自己头上牌的颜色,只能看到别人头上牌的颜色。头上是红色牌的人说真话,头上是黑色牌的人说假话,他们的对话如下。

甲说:"我看到了3张红色的牌和1张黑色的牌。"
乙说:"我看到了4张黑色的牌。"
丙说:"我看到了3张黑色的牌和1张红色的牌。"
戊说:"我看到了4张红色的牌。"

请问:你能推断出丁的头上贴的是什么颜色的牌吗?

192．打牌的谎言

3个人玩牌,但是手里都没有超过3张。3个人说了下面3句话。如果这句话说的是比自己牌多的一方,那么这句话就是假的,否则就是真的。

A说:"B有两张牌。"
B说:"C剩的不是两张牌。"
C说:"A剩的不止一张牌。"

请问:他们各自有几张牌?

193．谁是赢家

4个人打牌,有人问他们最后谁赢了,这4个人很谦虚,都不承认是自己赢了。

甲说:"丙赢了,每次都是他赢。"

乙说:"我没有赢。"

丙说:"我也没有赢。"

丁说:"甲说的是实话。"

一再追问下,终于知道谁是赢家了。原来他们之中只有一个人说了真话,其余3个人都说了假话。

请问:谁才是赢家呢?

194．谎话与牌

甲、乙、丙、丁4人打牌,每个人手里剩牌的数量不同,但都为4~7张。当4人都出掉了1张或2张牌后,结果剩下的牌的数量还是各不相同。

4人出过牌以后,说了以下的话,其中,出了2张牌的人说的是谎话,出了1张牌的人说的是真话。

甲说:"我出过红桃。"

乙说:"甲现在手里有4张牌。"

丙说:"我和丁共出了3张牌。"

丁说:"乙出了2张牌,或者丙现在剩牌的数量不是3张。"

请问:最初每人有几张牌,出了几张牌,剩下了几张牌?

195．哪个人说了谎

桌上有一堆牌,里面只有A、3、5、7、9这5种牌。现在甲、乙、丙、丁4个人各自从中取出6张牌,并把自己取出的6张牌相加。

甲说:"我只得了8。"

乙说:"我得了56。"

丙说:"我得了28。"

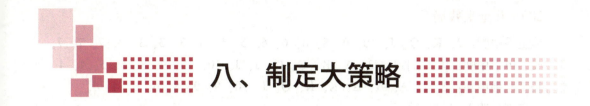

八、制定大策略

196．发牌

4个人发一副扑克牌,发到中间的时候,忘记该发给谁了,怎样能不数牌而又继续正确发牌呢?

197．还清欠债

有5个商人在一起做生意,他们经常相互欠款,这一天,5个人聚在一起,打算把之前欠下的款项还清。5个人的借贷关系如下：A欠了B 100元,B欠了C 200元,C欠了D 300元,D欠了E 400元,E欠了A 500元。

请问：你能不能动用最少的现金且移动最少的次数,把所有人的欠款还清?

198．该怎么下注

猜点数是一种很简单的扑克牌游戏,随便抽出一张或几张扑克牌,计算一下点数的和。在桌子上画出如"奇数""偶数""3的倍数""5的倍数"等区域,只要猜对了数字,就可以得到相应倍数的钱。

在一次赌局中,已经到了最后决定胜负的关键时刻。第一位的是赌圣周星星先生,非常幸运地赢得了700个金币；第二位的是赌神丽莎小姐赢得了500个金币；其余的人都已经输光了筹码,所以这最后一局就只剩下周星星先生和丽莎小姐一决胜负了。

周星星先生还在犹豫着,考虑怎样才能赢得这次赌局。如果将手上筹码的一部分押在"奇数"或者"偶数"上,赢了他的赌金就会变成现在的两倍。而这时丽莎小姐已经把所有的筹码都押在了"3的倍数"上,如果赢了赌金就会变成现在的3倍；如果够幸运,她就可以赢到1500个金币,那样就可能反败为胜了。

请问：如果你是周星星先生,你应该怎样下注才能确保赢下赌局呢?

199．赌注太小

王丫丫和李蛋蛋用扑克牌在玩一个小小的赌博游戏。王丫丫开始分牌,并且定下了以下规则：第一局输的人,输掉他所有钱的1/5；第二局输的人,输掉他当时拥有的1/4；而第三局输的人,则需支付当时拥有的1/3。

前两局他们互相准确付了钱。第三局李蛋蛋输了,付完钱后他站起来说："我觉得这种游戏投入的精力过多,回报太少。直到现在我们之间的钱数,总共才相差7元。"这自然是很小的赌博,因为他们合起来一共也只有75元钱的赌本。

请问：在游戏开始的时候王丫丫有多少钱呢?

优等生必玩的扑克游戏——培养数学思维

200．斗地主残局

地主手中牌：2、K、Q、J、10、9、8、8、6、6、5、5、3、3、3、3、7、7、7、7。
长工甲手中牌：大王、小王、2、A、K、Q、Q、J、J、10、10、9、8、5、5、4、4。
长工乙手中牌：2、2、A、A、A、K、K、Q、J、10、9、9、8、6、6、4、4。
三家都是明手，互知底牌。
请问：哪方会赢？

201．取牌博弈（1）

桌上有 n 张扑克牌，甲、乙两个人轮流从牌堆中取牌，规定每次至少取一张，最多取 m 张，取得最后一张者得胜。
请问：谁能获胜？有没有必胜策略？

202．取牌博弈（2）

有两堆牌，每堆若干张，两个人轮流从某一堆或同时从两堆中取同样多的牌，规定每次至少取一张，多者不限，取走最后一张牌者得胜。
请问：谁能获胜？有没有必胜策略？

203．取牌博弈（3）

有 3 堆牌，每堆若干张，两个人轮流从某一堆取任意多的牌，规定每次至少取一张，多者不限，取走最后一张牌者得胜。
请问：谁能获胜？有没有必胜策略？

204．巧翻扑克

桌上有 23 张扑克牌，其中 10 张正面朝上。假设蒙住你的眼睛，而你的手又摸不出扑克牌的正反面。
请问：如何才能把这些扑克牌分成两堆，使每堆正面朝上的扑克牌张数相同？

205．翻扑克（1）

如下图所示，有 7 张扑克牌正面朝上放在桌上。现在要求把它们全部翻成反面朝上，但每次必须同时翻 5 张牌。请问需要翻几次？

206．翻扑克（2）

与上题规则相同，现在有 9 张扑克牌正面朝上。要求把它们全部翻成反面朝上，但每次必须同时翻 5 张。根据这条规则,最终能把它们都翻成反面朝上吗?需要翻几次呢?

207. 巧辨花色

桌上放着 3 叠背面朝上的牌,小明猜:第一叠全是红桃,第二叠全是黑桃,第三叠是黑桃与红桃混在一起。很可惜,虽然这 3 叠牌确实有一叠全是红桃,有一叠全是黑桃,还有一叠是黑桃与红桃混在一起,但是小明一叠都没猜中。现在允许你从其中一叠里抽看一张牌,你能据此推测出每一叠的花色吗?

208. 分配扑克牌

有一个"狄利克雷分牌"的故事:有 A ~ K 共 13 张牌和 14 个人,庄家要把这 13 张牌发给 14 个人。庄家思索了一番,想出一个办法,他先让两个人暂时共同拿着 A,然后把其余的牌按顺序依次分配给剩下的人。于是 A 对应两个人,3 号拿着 2,4 号拿着 3,5 号拿着 4……13 号拿着 Q。最后,再让 14 号拿着 K。于是皆大欢喜,14 个人每人拿到一张牌。

请问:这样的安排可能吗?

209. 巧胜扑克牌

现有扑克牌智力题如下。

甲方:1 张 2,3 张 K,3 张 J,2 张 9,2 张 7,2 张 6,2 张 5,2 张 4,1 张 3。

乙方:2 张 A,2 张 10。

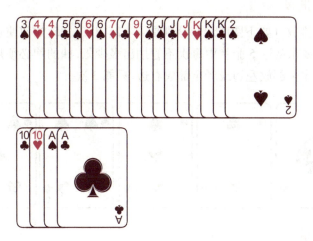

规定:由甲方先出,先出完者为胜。规则符合一般出牌规则,此外可出三带双(如 3 张 J 带 2 张 4),但不可出三带一(如 3 张 K 带 1 张 3)。可出五连顺(如 3、4、5、6、7),但不可出四连顺(如 4、5、6、7),也不可出连对(如 4、4、5、5)。

请问:甲方如何胜出?

210. 巧取扑克牌

两副扑克牌一共有 108 张,甲、乙两人轮流取牌。甲先取,每次只允许取出 1 张或 2 的 k 次方(k 为自然数)张扑克,谁取到最后一张获胜。

请问：这个游戏最终谁将获胜？为什么？

211．抓牌决胜

两个人轮流抓桌子上的一副牌（52 张牌）。规则是每次最少抓 1 张牌，最多不能超过 5 张牌，抓到最后一张牌的人为胜利者。

请问：如果你是先抓牌的人，你该抓几张牌？以后怎样抓牌才能保证获胜？

212．抓牌求胜

5 个人，按 1～5 号的顺序从 100 张牌里各取一次牌。规定每人至少取 1 张牌，100 张牌不必都取完，最后取得最多和最少的人以及取得张数一样的人淘汰。整个过程中不能交流，在取牌的时候可以数出剩下的牌的张数。

5 个人都是很聪明的人，他们的原则是先求自保，再淘汰更多的人。

请问：他们中谁的获胜概率最大？

213．一道关于扑克牌的推理题

一副牌洗牌后，把 52 张牌从左到右正面朝上排列。现在你和你的朋友轮流拿牌，每次只能在最左或最右端拿一张牌。52 张牌全部拿完后，把两人手里的牌分别加起来（J、Q、K 分别代表 11、12、13），谁的牌加起来最大，谁就是胜利者；大小一样则算和局。

请问：如果是你先拿，你能想出一个不败的策略吗？

214．重排 5 张牌

有 5 张牌顺序排放（如下图所示），分别是 A、2、3、4、5，如何使它倒过来排放，变成 5、4、3、2、A？要求从这 5 张牌中每次不管抽出多少张，抽的牌必须是挨着的，而且只能将抽的牌不打乱顺序全部放左边或者全部放右边，只能 3 次。

215．覆盖圆桌

两个小孩轮流在一张圆桌上放牌，规定每次只放一张，并且桌子上的牌不能重叠，谁先没地方放，谁就输了。

请问：你能给先放的小孩想出一个必赢的策略吗？

216．确定 45 秒

甲、乙、丙三人，每个人独自抓完一副牌需要的时间都是一分钟。现在有若干副牌，请问如何用抓牌的方法来计时 45 秒？

八、制定大策略

217．要牌

庄家手里有一张红桃 A、一张梅花 3、一张黑桃 4（如下图所示）。现在庄家告诉你，只要你讲一句真话，他就给你一张牌，可是没有说是哪一张。但是如果你说的是假话，就不给你牌。

请问：要讲什么话，才能让庄家一定会给你红桃 A？

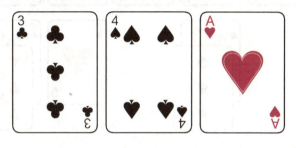

218．抢牌游戏（1）

有一副牌共 54 张。A、B 两人轮流从中取走 1 张、2 张或 4 张牌。谁取到最后一张牌就算谁输。

请问：玩这个游戏的两人中是否必定会有一人赢？如果这样，是先拿的人会赢，还是后拿的人会赢？

219．抢牌游戏（2）

婧婧和妮妮玩抢牌的游戏。游戏规则很简单：一副 54 张的牌，两个人轮流拿牌，每次只能拿 1 张或 2 张牌，谁拿到最后一张牌谁赢。婧婧很大度，每次都让妮妮先拿，但每次都是婧婧胜。

请问：你知道婧婧的策略是什么吗？

220．Eleusis 游戏

这个游戏的规则极其简单，但变化异常丰富，因为这个游戏的出牌方式是不固定的，游戏开始时玩家甚至不知道出牌的规则是什么。玩家的主要任务就是在游戏过程中探索出牌的规则。

游戏需要两副牌，玩家以 3～8 人为宜。每轮游戏前，玩家需要推选出一位主持人，主持人在这个游戏里扮演最重要的角色。游戏开始前，主持人自己在心里默想一个出牌规则，但不能告诉玩家。规则的内容只考虑扑克牌的花色与点数，与出牌人、牌的摆放方式等无关。这个规则必须简单、明确，通常以"如果上一张牌是什么，那么下一张牌就应是相反的花色"一类的形式给出，比如"如果上一张牌是红色，下一张牌就是黑色；如果上一张牌是黑色，下一张牌就应是红色"，或者是"要么与前一张牌同花色，要么与前一张牌同点数"。然后主持人洗牌，给每个人发 12 张牌，然后再翻出一张牌放在桌面上作为第一张打出。这张牌及后面正确的跟牌都摆成一行，叫作主线；主线下方可能会有若干边线，表示错误的跟牌。

游戏正式开始前，主持人可以对秘密规则进行一些提示，之后玩家轮流打牌，主持人判断玩家打出的牌是否符合规则：

优等生必玩的扑克游戏 —— 培养数学思维

（1）如果打出的牌符合规则。此时主持人把这张牌加在主线的右边，该玩家手中的牌就少了一张。如果此时该玩家手中的牌打完了，则游戏结束，否则游戏继续进行。另外，该玩家还可以获得一次猜测出牌规则的机会，同时每个玩家都必须听他说的答案。如果该玩家猜对了，主持人也宣布游戏结束，否则游戏继续。

（2）如果打出的牌不符合规则。此时主持人把这张牌放在相应的边线位置，告诉大家这张牌不能接在这个位置。这名玩家需要再摸一张牌，手中牌的张数不变。

（3）轮到某位玩家出牌时，该玩家可以选择不出牌，即宣称自己无牌可打。此时他应该把手中的牌摊出来给所有人看，同时主持人判定该玩家是否确实无牌可打。

如果该玩家确实无牌可打，而且玩家手中只有一张牌，游戏结束。否则，主持人清点该玩家手中牌的数目 N，把它们放回还没发完的牌的最底下，再发给他 $N-1$ 张牌。同时，该玩家获得一次猜测出牌规则的机会，猜对了同样可以直接获胜。

如果该玩家有可以打的牌：此时主持人从中选出一张可以打的牌接在主线后面，该玩家收起自己其余的牌并再摸一张，保持手中的牌数不变。

一轮游戏结束后，每个人的得分就是自己打出去的牌的张数。打完所有牌而获胜的玩家再获 3 分的加分，猜对规则而获胜则得到 6 分的加分。主持人的得分与本轮最高分相同。然后大家重新推选主持人，继续下一轮游戏。如果牌抓完了但游戏还没结束，可以再洗一副牌继续进行，或宣布游戏结束，本轮不计分。最后，主持人说出自己所想的规则，等待玩家们恍然大悟的叹息声。若干轮游戏后，最终获胜者就是累积得分最高的人。

请问：你能想出哪些简单明了而又富有新意的规则呢？

221．释放囚犯

典狱长要和 100 个囚犯玩一个游戏。每个囚犯的前额上都会写一个数字，所有这 100 个数字互不相同，也不一定连续。每个囚犯都能看到其他 99 个囚犯前额上所写的数字，但不能看到自己的数字。接下来，每个囚犯轮流从一副扑克牌里取走自己想要的一张牌。等到所有囚犯都取好牌，典狱长会把他们按照前额上所写的数字从小到大排好，并要求他们亮出刚才拿的牌。如果红色牌和黑色牌正好一直交替出现，那么所有 100 个囚犯都可以被释放。

在游戏开始前,他们可以聚在一起,商量一个对策。游戏开始后,囚犯与囚犯之间不允许有任何交流。

请问:囚犯们能保证全部被释放吗?

222. 少数派游戏

将 22 个人集中在一个大厅里,参加一个叫作"少数派"的游戏。游戏规则很有意思:每个人手里都有一副牌,游戏组织者会给大家一小时自由讨论时间,然后每个人亮出一张牌。主持人统计红色牌和黑色牌的数量,并规定数量较少的那一方取胜,多数派将全部被淘汰。获胜的选手在一小时后进行新一轮的游戏,依然是少数派胜出。若某次亮牌后双方人数相等,则该轮游戏无效,继续下一轮。游戏一直进行下去,直到最后只剩下一人或两人为止(只剩两人时显然已无法分辨胜负)。所有被淘汰的人都必须缴纳罚金,这些罚金将作为奖金分给获胜者。

这个游戏最有趣的地方就是,简单的结盟策略将变得彻底无效。如果游戏是多数人获胜,那么只要能成功说服其中 11 个人和你一起组队(并承诺最后平分奖金),你们 12 个人便可以保证获胜。但在这里,票数少的那一方才算获胜,这个办法显然就不行了。因此,结盟是这个游戏中的理想手段。

请问:如果你是 22 人中的一个,你会怎么做呢?

223. 奇妙的装法

一个财主在临死前对两个儿子说,我这里有 9 张牌,你俩谁能把它们全部装在 4 个盒子里,并且每个盒子里的牌都是单数,我就把所有的财产都让他继承。

聪明的小儿子很快就想出了办法,你知道他是怎么做的吗?

224. 残局

甲、乙两人打牌进入残局。

甲手里的牌是王、A、A、A、K、K、K、J、J、J、8、8、6、6、4、4。

乙手里的牌是 2、2、Q、Q、Q、9、9。

规则:几张牌只能管几张,不能炸,不能三带二或三带一。

请问:甲先出,他应该怎么出牌才能赢呢?

225. 抽顺子

把一副共 52 张的扑克牌任意分成 13 堆,每堆 4 张牌。现在有人说,一定存在一种方式从每堆牌中抽出一张牌,一共 13 张,使得这 13 张恰好凑成一条不一定同花的顺子。

请问:你觉得可能吗?

226. 五打一(2)

1 个庄家对战 5 个闲家,庄家手里只剩一张 Q,5 个闲家的顺序和牌分别如下。

甲:3、4、K;

乙:J、J;

丙：3、4、Q；

丁：9、9；

戊：10、10、Q。

规则是 K 最大，3 最小，可出单张或对子，由甲先出牌，然后按照乙、丙、丁、戊、庄家、甲……这样的顺序轮流出牌。

请问：5 个闲家能否把手里的牌全部出完而获胜？

227．换牌逻辑

几个人玩牌，每个人抽一张牌，然后比大小。在比大小前，可以互相自愿换牌，但在换之前不能让对方知道自己的牌。

请问：如果这些都是非常聪明的人，请问会有人能够换到比自己手中牌大的牌吗？

228．盒子与锁

A、B 两人是密探，各自有一把不能被别人打开的锁和只能打开自己锁的钥匙。现在 A 想把一张扑克牌快递给在另一个城市的 B，又怕扑克牌被人偷看。A 还有一个可以用锁锁住的盒子，他应该如何利用这个盒子把扑克牌安全地快递给 B？

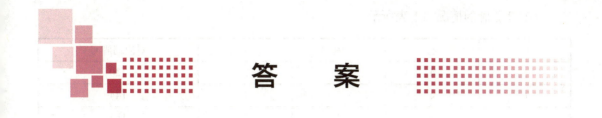

答 案

一、扑克巧推理

1．10张扑克牌

问题1：D。A、B和E明显违反已知条件（1）和（3）。C的排列也是错的。根据已知条件（3），K只能都放在第四排，这样就违反了已知条件（2）。只有D符合所有已知条件。

问题2：A。因为A不能放在第四排，且A数目又最多，共4张，因此这4张扑克牌必须放在前三排6个位置上。如果选B、D、E，第三排就会出现3张A，这样就违反了已知条件（2）；如果选C，则明显违反了已知条件（3）；只有A符合所有条件，而且也只有这种排法才可能避免排其他扑克牌（如K）时违反已知条件，故选A。

问题3：C。由上题已知，4张A应排在第二排（2张）和第三排（2张）；3张K，分别排在第一排（1张）和第四排（2张）。因此可以直截了当地选出2张A与一张J或一张Q的C组合。通过进一步分析会看出：选A明显违反已知条件（3）；选B、D、E会违反已知条件（2）。

问题4：C。从前两题中已知，为了满足所有已知条件，4张A已经占去了第二排和第三排的4个位置，3张K占去了第一排和第四排的3个位置，余下可供J和Q放的位置只有第三排一个位置和第四排两个位置，本题要求两张Q放在一行内，那么只有第四排的2个空位可满足这一要求，因此选C。

问题5：B。为了满足已知条件（2）和（3），3张K必须分别放在第一排（1张）和第四排（2张）。其实，这一点在解答前几题时就已经讲得很清楚了，其他选项都不一定对。

问题6：C。如果第一排是一张A，根据已知条件（3），那么三张K就只好放在第四排，这样便违反了已知条件（2），故一定错。其他选项中，A和D肯定对，B和E也有可能对，详细分析可参见前几题。

问题7：E。5个选择中，A肯定错；B、C、D陈述的情况不是每种排列中都会出现，只有E陈述的情况符合每个条件，故选E，详细分析见问题5。

2．分别有几张牌

首先，牌的总数最多为17张，因此可以确定丁的牌最多有2张，若有3张或者3张以上，则其他3人至少分别有6、5、4张，总数大于17。

丁有2张牌的情况如下表所示。

甲	乙	丙	丁	对应门牌号
5	4	3	2	120
6	4	3	2	144
7	4	3	2	168
8	4	3	2	192
6	5	3	2	180
7	5	3	2	210
6	5	4	2	240

丁的牌数为1时，另外3个数相加小于或等于16（17−1=16），且3个数各不相同，并且3个数中最小数大于或等于2，可以列出这3个数相乘的积最大为4×5×7=140；其次为3×5×8=4×5×6=120；再次为3×4×9=108。此时已比上面所列最小积还要小，若答案在小于108的范围内，则不需要知道丁的牌数是1张还是2张了。

所以，在知道4个数乘积及最小数是1还是2的情况下，如果还不能得出结论，只有门牌号为120一种可能了，因此，确定门牌号为120。当知道丁的牌数时就能确定4个数只有以下一种情况：甲5张，乙4张，丙3张，丁2张。

3．谁去做饭
梅花3，因为梅花三弄。

4．扑克的线索
K是A先生，一张Q是B小姐，另一张Q和J代表姐弟。A先生对姐弟俩不是很好，当时姐姐忍受不了捅了A先生一刀随即离开，A先生自己包扎了伤口，接着B小姐回来，看到A先生受伤知道他又欺负孩子了，B小姐不想让孩子再受到伤害，捅了A先生5刀，随后做出劫杀的假象，自己也自杀了，所以刀上只有B小姐的指纹。

5．轮流猜花色
不可能，最多到第5个人就能推测出主持人最近一次拿走的花色。
要想让第一个人推测不出来，桌上至少要有1张黑桃、2张红桃和3张方块。否则比如桌上没有黑桃，就说明2张黑桃一开始没被主持人放到桌上，1张黑桃是被主持人拿走的。满足"至少1张黑桃、2张红桃、3张方块"的情况有以下几种，主持人只要让桌上剩下的花色组合是这下面的一种就可以了。
主持人能让第一个人看到的花色组合如下：
1黑3红5方；
1黑4红4方；
2黑2红5方；
2黑3红4方；

2 黑 4 红 3 方；
3 黑 2 红 4 方；
3 黑 3 红 3 方。

第 1 个人推测不出来后，主持人继续拿走一张牌，并请第 2 个人转过身来。别忘了这些都是很聪明的人，所以当第 1 个人推测不出来的时候，第 2 个人就知道第 1 个人看到的花色组合肯定是上面的几种可能之一。如果第 2 个人看到剩下的牌是 3 红 5 方，就可以推测出第一个人看到的是 1 黑 3 红 5 方，主持人上次拿走的是黑桃。所以主持人拿第 2 张牌的时候也要考虑这一点，比如他可以留下 1 黑 2 红 5 方，这样第 2 个人就只能推出是从 1 黑 3 红 5 方中拿走了一张红桃或者是从 2 黑 2 红 5 方中拿走了一张方块。通过组合，主持人的选择有以下几种。

主持人能让第 2 个人看到的花色组合如下：
1 黑 2 红 5 方；
1 黑 3 红 4 方；
1 黑 4 红 3 方；
2 黑 2 红 4 方；
2 黑 3 红 3 方；
3 黑 2 红 3 方。

同样的道理，主持人能让第 3 个人看到的花色组合如下：
1 黑 2 红 4 方；
1 黑 3 红 3 方；
2 黑 2 红 3 方。

而主持人能让第 4 个人看到的花色组合就只有一种了：1 黑 2 红 3 方。

这样到第 5 个人的时候，无论上次主持人拿走了什么花色，他都能马上推测出来。

6．小魔术

首先可以肯定，5 张牌里至少有 2 张是相同的花色，而 3 张牌用不同的大小顺序能表示 6 种信息。比如，3 张牌的顺序是"小中大"表示 1，"小大中"表示 2，"中小大"表示 3……"大中小"表示 6。

所以，可以根据以上的情况制订如下方案。

（1）助手选择 2 张相同花色的牌。

（2）这两张牌点数之差如果小于或等于 6，则把较大的那张扣下；如果大于 6，则扣下较小的那张。余下的牌用来表示花色。

（3）剩余的 3 张牌因为点数和花色大小不同，可以用"大""中""小"的不同顺序表示点数差（1~6）。如果扣下的那张是较小的牌，则将较小的牌点数加上 13，然后计算点数差。

（4）将表示花色的牌放在事先商定好的位置（可以不是第一位或者最后一位，增加魔术的神秘度）。

（5）至此，魔术师可以根据 4 张牌的顺序和点数大小，判断出扣下的那张牌的点数和花色。

7．跳跃魔术

你可能会想，最后一张牌停在哪个位置有很多种可能，起码倒数的 10 张牌都有可能，我最后的一张牌估计不会和朋友的完全一样，十有八九是我赢了。但实际情况是，你的朋友是聪明的，十有八九要输的不是他，而是你。

我们先来看一个例子，假设你选择从第 1 张牌梅花 Q 开始，按照规则向前走一步。第二张是方片 5，你的朋友刚刚翻过，到这里，游戏就不需要再进行下去了，你已经输了。因为在这之后，你会完全重复你朋友翻牌的路径，最后也终止于红桃 5。你或许会说，我应该不会这么不幸吧，我翻开的第 2 张牌正好是我朋友翻过的。要是我不从第 1 张牌开始，而是从第 3 张牌、第 4 张牌、第 10 张牌开始，情况还会这么糟吗？是的，你翻开的第 2 张牌不是你朋友翻过的牌的可能性还是很大的，可是以后的翻牌过程中只要有任意一张在你朋友走过的路径上，你就输定了。尽管对于翻开的某一个单张牌"中招"的概率不是很大，可是连续翻很多张牌都不"中招"就并非易事了。

我们可以粗略估计一下你取胜的可能性。首先，由于 J、Q、K 都按 1 算，52 张牌的数字平均大小小于 5，暂且按 5 计算，那么你从头走到尾平均要翻 10 张牌。然后，对于这 10 张牌，每一张的数字可能为 1~10 十种可能，如果这张牌的数字"大小合适"，翻开的下一张牌就会落入朋友的陷阱，如果这张牌前面 10 张牌中平均只有一张是你朋友翻过的（实际因为有很多张"1"，10 张牌中会出现多于一张的"危险牌"），那么你一次生还的概率是 9/10，最后，你久经考验，到了最后一张牌仍然和你朋友的红桃 5 不重合的可能性就是 9/10 的 10 次方，只有 35%。而如果考虑了"1"牌的因素，用更精确的方法计算的结果为 15% 左右，你朋友在这场赌局中有 85% 的获胜概率。也就是说，你的最后一张牌和你朋友的最后一张牌在大多数情况下会是一样的。

8．很古老的魔术

先说如何选扣牌。以一定的规则将所有扑克编号：1、2、3、…、54，并将这些号码逆时针依次均匀围成一个圈，并使相邻两张牌的距离是 1。

抽出 5 张牌按逆时针顺序依次为 A、B、C、D、E（不一定 E 最大，只需是按逆时针排列），由于 AB、BC、CD、DE、EA 间的距离之和等于 54，因此其中最多有两个距离大于 24。

若有两个大于 24，那么扣下与左右相邻的牌距离都不超过 24 的随意一张牌。

若只有一个距离大于 24，比如 AB，则扣下按逆时针顺序靠前的那张，即扣 A。

若 5 个都不超过 24，则扣掉编号最大的一张牌。

再说如何猜牌。不妨假设扣下的是牌 E。对于明的 4 张牌 A、B、C、D，按其大小共有 24 种排列。按逆时针，A 与 B、B 与 C、C 与 D、D 与 A 4 个的距离也最多有两个大于 24。

若有两个距离大于 24，将 D 置于 4 张牌最下面，表示从 D 开始逆时针数；将 A、B、C 按大小的 6 种排列分别对应 1~6 步，以标记从 D 逆时针走多少步到 E。

若有一个距离大于 24，由扣牌方法可知，一定是 DA>24，并且 DE 不超过 24。将 A、B、C、D 按大小的 24 种排列分别对应 1～24 步，以标记从 D 逆时针走多少步到 E。

若 4 个距离都不超过 24，由扣牌方法可知，一定是第三种扣牌情形，且 A<B<C<D<E，DE 不超过 24。将 A、B、C、D 按大小的 24 种排列分别对应 1～24 步，以标记从 D 逆时针走多少步到 E。

这种策略在理论上最多可以应对 124 张不同的牌。

9．洗牌（1）

假设原来排在第 x 张的牌经过一次洗牌后排在第 y 张，由题目可知：

当 $x \leqslant 26$ 时，$y=2x-1$；

当 $x \geqslant 27$ 时，$y=2x-52$。

跟踪每一张牌在各次洗牌后的位置，可以发现：

原来的第 1 张、第 52 张两张牌的位置一直不变；

原来的第 18 张、第 35 张两张牌不停地互换位置；

其余的 48 张牌以 8 张为一组，各自在组内以 8 次洗牌为一个循环。

所以洗 8 次牌后回到初始状态。

10．洗牌（2）

假设原来排在第 x 张的牌经过一次洗牌后排在第 y 张，由题目可知：

当 $x \leqslant 5$ 时，$y=2x-1$；

当 $x \geqslant 6$ 时，$y=2x-10$。

跟踪每一张牌在各次洗牌后的位置，可以发现：

原来的第 1 张、第 10 张两张牌的位置一直不变；

原来的第 4 张、第 7 张两张牌不停地互换位置；

其余的 6 张牌以 6 次洗牌为一个循环。

所以洗 6 次牌后回到初始状态。

11．洗牌技术

用洗牌技巧重新洗完牌后，原来每组牌的第一张按顺序成为第一组，原来每组牌的第二张按顺序成为第二组，以此类推。

这样，当观众点头的时候，这位观众刚才抽的第几组，现在这组牌里的第几张就是他刚才记下的牌。

12．三明治（1）

A 和 A 之间是 1 张，2 和 2 之间是 2 张，3 和 3 之间是 3 张。

13．三明治（2）

见下图所示。

14. 取牌游戏

后取的可以获胜。假设把 13 张牌首尾相连围成一圈，如果先取的人取一张牌，那么，后取的人就在牌的另一边对称的位置取去 2 张牌；如果先取的人取了 2 张牌，那么，后取的人在牌的另 1 边取 1 张牌。这时还剩下 10 张牌，而且被分为相等的两组，每组 5 张相邻的牌。在以后的取牌中，如果先取的人取 1 张，后取的人也取 1 张；如果先取的人取 2 张，后取的人也取 2 张，并且取的牌是另一组中对应的位置，这样下去，后取者一定可以取到最后的那张牌。

15. 第 9 张牌

先数出 30 张牌后还剩 24 张，假设接下来数出的 3 列牌第一张分别是 a、b、c，则 3 列分别有 "$11-a$" "$11-b$" "$11-c$" 张牌，3 列一共有 $33-(a+b+c)$ 张牌，剩下 $24-[33-(a+b+c)] = (a+b+c)-9$ 张牌。因此数 "$a+b+c$" 张牌后必然是开始记住的第 9 张。

16. 第 11 张牌

这个魔术的关键在于表演者收牌的时候把观众记住牌所在的那行夹在中间，而摆牌的时候是按列排放的，这就导致观众记住的那张牌越来越靠近中间。

为了说明这个问题，下面跟踪中间那行牌每一张在经过表演者的一次操作后的位置变化：$(2,1) \to (2,3)$、$(2,2) \to (3,3)$、$(2,3) \to (1,4)$、$(2,4) \to (2,4)$、$(2,5) \to (3,4)$、$(2,6) \to (1,5)$、$(2,7) \to (2,5)$。

可以看出，一行 7 张牌经过一次操作就集中在中间的 3 列里。而经过 3 次操作后，必然会移动到 $(2,4)$ 这个位置，也就是正中间的第 11 张牌。

17. 猜牌术

这是一个利用数学中的恒等变换原理设计的魔术。必须记住两点：①每堆牌开始的张数必须相等；②第 3 次需从第 1 堆牌中移去和第 2 堆牌中相等的牌数。本例中的数学式为 $4 \times 2 + 8 + 5 = 21$。

18. 神机妙算

设每堆有 X 张，最后中间剩 N 张，则有 $2(X-2) + N + (X-1) = 3X$，可以解得 $N=5$。

19. 花色组合

因为一共有 3 种花色，所以有以下可能。

(1) 4张牌同一种花色：$C(3,1) = 3$ 种。
(2) 2张牌一种花色，另外2张另一种花色：$C(3,2) = 3$ 种。
(3) 1张牌一种花色，另外3张另一种花色：$P(3,2) = 6$ 种。
(4) 4张牌三种花色：$C(3,1) = 3$ 种。
因此4张牌的花色组合共有15种可能。

20．3张牌的组合

因为有5种大小，每种大小有3张，所以：
(1) 抽出的3张牌大小各不相同：$C(5,3) = 10$ 种。
(2) 抽出的3张牌有两张相同：$P(5,2) = 20$ 种。
(3) 抽出的3张牌大小相同：$C(5,1) = 5$ 种。
因此3张牌的大小组合共有35种可能。

21．3张牌的顺序（1）

这3张牌从左到右依次为黑桃K、黑桃Q和红桃Q。

22．3张牌的顺序（2）

这3张牌从左到右依次为梅花J、方块A和红桃K。

23．3张牌的顺序（3）

这3张牌从左到右依次为红桃K、红桃A和方块A。
首先确定左边的第一张牌。从条件（1）可知这张牌是K，从条件（4）可知这张牌是红桃，所以这张牌是红桃K。

其次，确定右边的第一张牌。从条件（2）可知这张牌是 A，从条件（3）可知这张牌是方块，所以这张牌为方块 A。

最后确定中间的一张牌。从条件（2）可知，或者这张牌是 A，或者左边第一张是 A；又从条件（1）可知左边第一张是 K，所以中间这张牌是 A。同理，从条件（4）可知，或者中间这张牌是红桃，或者右边第一张牌是红桃；由条件（3）可知右边第一张是方块，所以确定中间这张牌是红桃。

24. 3 张牌的顺序（4）

这 3 张牌从左到右依次为红桃 J、梅花 A 和黑桃 Q。

25. 盲打扑克

思路和上一题基本类似。下面以一手 5 张牌为例，说明如何随机、隐蔽、公平地实现盲打扑克游戏。

用数字 1～54 表示 54 张牌。发牌前，甲在每个数字前附加一个随机字符串前缀，然后给每个字符串都加上一把锁，把 54 张加密的扑克牌传给乙。乙收到扑克牌后发现他一张牌也不认识，每张牌上面都有甲的锁。乙从里面挑出 5 张牌，虽然乙也不知道这 5 张牌是什么，但是更不能让甲知道，于是乙在这 5 张牌上再各加一把锁，传给甲。甲可以解开自己的那把锁，但牌上还有一把锁，甲没办法，只能原封不动地传回去。乙把剩下的锁解开，得到自己的 5 张牌。然后，乙从手中随便挑 5 张牌给甲，由甲解开上面的锁，得到甲的 5 张牌。

听起来很完美，但实现起来并不简单。上锁开锁和加密解密并不完全相同：两把锁的地位是相同的，但两次加密存在先后的问题。要想把上述协议转换为密码协议，需要采用以下的加密方式：明文首先由甲加密，乙在这个密文的基础上再进行加密，此时甲能够把里面一层密码解开，而保持乙的密码不动。

密码学上有一种复杂且安全的加密方法满足这种"交换律"，即 RSA 算法。我们也可以用一种相对简单的加密方法：甲、乙各想一个非常大的质数，加密过程就是把已有的数乘上这个质数，解密过程就是把得到的数除以这个质数。把两个很大的数相乘或相除是件简单的事，但要分解一个很大的数则很困难，这样在时间有限的情况下就能保证对方不能破解出自己的质数。如此，每个人都得到了自己的一手牌，而都不知道对方手里拿的是什么牌。以后如果还需要摸牌，则可以重复刚才的协议。游戏结束后，双方公开自己的质数，可以验证对方的质数与游戏中的数据是否吻合，以确定对方在游戏过程中没有作弊。这个协议可以扩展到多个人的情况，也适用于更复杂的扑克牌游戏。

26．死亡信息（1）

案发现场，Jacky 的目光一一扫过 3 名嫌疑人，开始了推理。

"首先是凶器，看到死者脖子上的勒痕时我也弄不明白凶器是什么，实际上凶器就在房间里，就是我们平常买东西都会用到的塑料袋。塑料袋在受力的过程中会不断收缩变细，所以才会造成那种上下两端由浅到深的勒痕。而塑料袋的褶皱则形成了印在死者脖子上那些细小的纹印。至于死者脖颈后面的挫伤，则是凶手将塑料袋下压，死者的脖子顶在靠背之上造成的。

"接下来是死亡信息，撕掉符号 A 的梅花 A 与黑桃 A，就是 'spade' Ace 与 'Club'"。

"铲子（黑桃的英文 spade 原意为铁锹 / 铲子），Club，那凶手是 Club！" Mark 一听立刻掏出了手铐，不过却被 Jacky 拦住了。

"别急，我还没说完呢，如果这么想，那么黑桃 A 也应该撕去 A 的两个角才对吧！这是关键，也就是说，黑桃 A 所代表的意思应该和梅花不同。Ace 在英文中本身就有 '擅长……的人' 的意思，而黑桃 A 则是扑克牌中除了大王和小王外最大的牌，如果从这个角度理解黑桃 A 所代表的意思就是 '最大，……精于 / 擅长……的人'，而梅花我们可以直接联想到 Club（俱乐部），联想一下死者身为魔术俱乐部的人，然后将意思串一下……"

"俱乐部里最精于魔术的人……Eric，我说的没错吧？" Jacky 微微眯起眼睛，看着 Eric，"你昨天下午应该和 Alice 见过面，而且 Alice 告诉你她和死者吵架了，你因为依然喜欢着 Alice，所以去找死者争论，却演变为争吵，于是你心里有了杀他的想法。

"晚上七点多你在商店买了日用品，随即带着日用品乘电梯返回住的楼层，然而却并没有回家，而是直接从防火通道来到了 8 楼，并且将买的东西取出来放在了地上，随即打电话给死者，用一些道歉或者讨论魔术之类的话让他开门，在与其交谈让他放下戒心之后便用刚刚购物得来的塑料袋勒死了死者，不过你却没注意到死者隐藏起来的死亡信息。

"可是在勒死死者之后你却察觉到塑料袋上有擦痕，没错，就是你拎着东西通过防火通道时塑料袋蹭到的。你是一个很注重细节的人，所以为了防止这些成为线索，所以你干脆一不做二不休，将塑料袋烧毁，毕竟死者房间里面有不少塑料袋，这样应该不会让人怀疑塑料袋就是凶器。虽然你无法处理防火通道墙上的擦痕，但是你认为没有人会注意这些擦痕形成的原因，所以你干脆置之不理。

"从时间上来看，Alice 在 20:05 返回公寓，而且在电梯里哭泣的画面被摄像头拍到，很显然从她离开公寓到她回来这一段时间都没回过公寓，所以这一段时间她才会一直打电话，相信她回到公寓时应该还去过905，或许还敲过门，不过那时候死者已经死亡，自然不可能开门。

"而20:00在走廊上喊人甚至踢门的Club自然也不会是凶手，那两脚暴力的踢门反而证明了Club并没有进入905，没有哪个杀人犯会用这种手段告诉别人'我来过'，这让我排除了对Club的嫌疑。"

"呵……早知道就直接用那家伙房间里的塑料袋了……没错，杀他的人是我……"Eric苦笑着看了一眼身旁的Alice，"我不能原谅那家伙伤害Alice，我那时候并没有与Alice见面，不过唐和Alice吵架的时候我正好在外面，所以听到了Alice的话，因为Alice想让他死，所以我杀了他，哪怕我知道那只是我给自己找的理由……我明明比他优秀，可Alice依然选择了他……我只是嫉妒那个家伙而已……"

"Eric，虽然这只是我的猜测，不过我想死者在死前并没有恨你。"Jacky将Mark手里的死亡信息拿过来并递给了Eric，"或许这么理解比较牵强，不过死者那时候已经接受你赐予他的死亡了……如果他挣扎尚有活下来的可能，但是他却用挣扎的时间隐藏了这两张牌。他知道你是一个注重细节的人，所以他这么做无非是想在你发现他隐藏起来的死亡信息之后能够明白一件事——魔术师最需要学会的并不是华丽且让人惊叹的效果，而是如何最好地掩藏自己的手法。他不希望你被捕，可惜你当时因为杀了他而心不在焉，烧了作为凶器的塑料袋之后就匆匆离去，而他原本想要留给你的信息，却成为将你送入监狱的证据。"

Eric被带走了，Jacky瞥了一眼依然在啜泣的Alice，无奈地长叹了一声。

"我说Jacky，你不过二十岁，大好年华怎么不去找个女朋友？"案件告破，Mark的心情自然不错。

"算了吧，被人管着多不自在……"Jacky撇了撇嘴，打了个哈欠，"我回去睡觉了，好好的假期我还是想躺在床上！"

二、玩牌想逻辑

27．排队发牌

答题1：B。因这一组中，王牌与梅花A毗邻，违反已知条件（3），故错。

答题2：D。A违反已知条件（4）；B和E违反已知条件（1）；C违反已知条件（3）；只有D符合所有条件，故选D。

答题3：A。因为B和D违反了已知条件（1），C违反了已知条件（2），而E违反了已知条件（3）。只有A符合所有的题设条件和本题题意，故选A。

28．分别是什么牌

可以至少推算出图中这样的结果，如下表所示。

大王	方块A
1号	红桃A

根据条件（5）和条件（6）可以知道，黑桃 A 和梅花 A 在同一排。再看看图就会发现，只有在 1 号这一排才有可能。而且 6 号也会在这一排，可知 6 号的位置一定是在 1 号的左边或右边。而 6 号的一侧是黑桃 A，所以就可以确定 1 号是黑桃 A 了。

29．赌神比赛

赌王、赌圣、赌神、赌鬼 4 个人分别列了一张表格，假设赌王的情况最差。Win 表示赢，Lose 表示输。

输赢	赌博者			
	赌王	赌圣	赌神	赌鬼
Win	1	X	X	X
Lose	2	X	X	X

填写 X 位置的数字时须遵守以下规则：每横行之和为 6，每竖列之和为 3。
有以下两种情况。

第一种情况：

输赢	赌博者			
	赌王	赌圣	赌神	赌鬼
Win	1	3	2	0
Lose	2	0	1	3

第二种情况：

输赢	赌博者			
	赌王	赌圣	赌神	赌鬼
Win	1	2	1	2
Lose	2	1	2	1

赌王能保证附加赛前不被淘汰，但不能保证获奖。

30．纸牌的排列

根据以下条件：
（1）方块 K 离红桃 Q 较近；
（2）梅花 Q 与红桃 K 隔两张牌；
（3）黑桃 K 在红桃 Q 边上；
（4）黑桃 Q 在方块 K 与黑桃 K 之间。
纸牌的排列顺序依次是：红桃 Q、黑桃 K、黑桃 Q、方块 K、梅花 Q、方块 Q、梅花 K、红桃 K。

31．猜数字

两人说的话依次编号为 S1、P1、S2。
设这两个数为 x、y，和为 s，积为 p。
由于 S、P 不知道这两个数，所以 s 不可能是两个质数相加的结果，而且 $s \leqslant 41$。因为如果 $s > 41$，那么 P 拿到 $41 \times (s - 41)$ 必定可以猜出 s，所以 s 为 $\{11, 17, 23, 27,$

29，35，37，41} 之一，设这个集合为 A。

(1) 假设和是 11。$11 = 2 + 9 = 3 + 8 = 4 + 7 = 5 + 6$，如果 P 拿到 18，$18 = 3 \times 6 = 2 \times 9$，只有 $2 + 9$ 落在集合 A 中，所以 P 可以说出 P1，但是这时候 S 能不能说出 S2 呢？我们来看，如果 P 拿到 24，$24 = 6 \times 4 = 3 \times 8 = 2 \times 12$，P 同样可以说出 P1，因为至少有两种情况 P 都可以说出 P1，所以 A 就无法断言 S2，所以和不是 11。

(2) 假设和是 17。$17 = 2 + 15 = 3 + 14 = 4 + 13 = 5 + 12 = 6 + 11 = 7 + 10 = 8 + 9$，很明显，由于 P 只有拿到 4×13 才可以断言 P1，而其他情况，P 都无法断言 P1，所以和是 17。

(3) 假设和是 23。$23 = 2 + 21 = 3 + 20 = 4 + 19 = 5 + 18 = 6 + 17 = 7 + 16 = 8 + 15 = 9 + 14 = 10 + 13 = 11 + 12$，我们先考虑含有 2 的 n 次幂或者含有大质数的那些组，如果 P、S 分别拿到 4、19 或 7、16，那么 P 都可以断言 P1，所以和不是 23。

(4) 假设和是 27。如果 P、S 拿到 8、19 或 4、23，那么 P 都可以断言 P1，所以和不是 27。

(5) 假设和是 29。如果 P、S 拿到 13、16 或 7、22，那么 P 都可以断言 P1，所以和不是 29。

(6) 假设和是 35。如果 P、S 拿到 16、19 或 4、31，那么 P 都可以断言 P1，所以和不是 35。

(7) 假设和是 37。如果 P、S 拿到 8、29 或 11、26，那么 P 都可以断言 P1，所以和不是 37。

(8) 假设和是 41。如果 P、S 拿到 4、37 或 8、33，那么 P 都可以断言 P1，所以和不是 41。

综上所述，这两个数是 4 和 13。

32．单张

根据条件（2），3 人手中剩下的牌总共可以配成 4 对；根据条件（3），妈妈和爸爸手中的牌加在一起能配成 3 对，妈妈和儿子手中的牌加在一起能配成一对，而儿子和爸爸手中的牌加在一起一对也配不成。

根据以上条件推出，各个对子的分布情况如下（A、B、C 和 D 各代表一个对子中的一张）。

妈妈手中的牌：A、B、C、D

爸爸手中的牌：A、B、C

儿子手中的牌：D

根据条件（1）和共有 35 张牌的事实，妈妈和儿子各分到 12 张牌，爸爸分到 11 张牌。因此，在把成对的牌拿出之后，爸爸手中剩下的牌是奇数，而妈妈和儿子手中剩下的牌是偶数。

所以，单张的牌一定是在儿子的手中。

33．名字与花色

根据她们的对话可知，抓红桃的不是小黑就是小方。而从刚说完话，小黑就接着说的情况看，第一个说话的也就是抓了红桃的一定是小方。那么小黑抓的是方块，小红抓的是黑桃。

34．消失的扑克牌

第二次出现的牌虽然看上去和第一次很相似——都是从 J 到 K，但花色却都不一样。也就是说，第一次出现的 6 张牌，第二次都不会再出现。不论你选哪一张牌，结果都一样。

但是我们为什么会上当呢？因为我们只注意到其中的一张牌，你的注意力只集中在这一张上面，当然就只看到它"没有了"。什么"默想"、什么"看着我的眼睛"都是烟雾，实际就是这么简单。

35．5 张扑克牌

梅花 A 是第 1 张，红桃 A 是第 2 张，大王是第 3 张，黑桃 A 是第 4 张，方块 A 是第 5 张。

36．谁没有输过

根据条件（1），当时（爸爸、妈妈、儿子）3 人手中牌的分布是以下三种情况之一（A 和 B 各代表一个对子中的一张牌，S 代表单张）：

A、AB、BS；A、BS、AB；S、AB、AB。

然后，根据条件（2）～（4），这三种情况按下表所示过程进行抽牌。

可能性	顺　　序					
	开始	第一回	第二回	第三回	第四回	第五回
可能 1	A、AB、BS	AB、A、BS	AB、AS、B	B、AS、AB	无论怎么抽都和（4）矛盾	
可能 2	A、BS、AB	AB、S、AB	AB、AS、B	无论怎么抽都和（4）矛盾		
可能 3		AS、B、AB	AS、AB、B	无论怎么抽都和（4）矛盾		
可能 4			AS、BB、A	S、×、AA	爸爸输	
可能 5	S、AB、AB	AS、AB、B	AS、BB、A	A、×、AS	AA、×、S	儿子输
可能 6		BS、A、AB	BS、AA、B	B、×、BS	BB、×、S	儿子输

由条件（5）可知，两盘游戏中有一次是"可能 4"，还有一次是"可能 5"或"可能 6"，而只有妈妈没有输过。

37．3 人分牌（1）

一开始最少有 25 张牌。解题方法却是倒过来的。

（1）假定最后丙分的三份中每份只有 1 张，则在丙分的时候共有 4 张牌；乙分的三份中每份有 2 张，乙分的时候共有 7 张；这样甲分的三份中每份就是 3.5 张了，与题意不符。

（2）假定最后丙分的三份中每份有 2 张牌，则在丙分的时候共有 7 张牌；这样乙分的三份中每份就是 3.5 张牌了，与题意不符。

（3）假定最后丙分的三份中每份有 3 张牌，则在丙分的时候共有 10 张牌；乙分的三份中每份有 5 张牌，乙分的时候共有 16 张牌；甲分的三份中每份是 8 张牌，所以一开始共有 25 张牌。

38．花色游戏

共 4 个男孩。

因为每人拿的牌中，红桃＞黑桃＞方块，而每人一共拿了 12 张牌，所以红桃牌最少要拿 5 张，最多只能拿 9 张。

红桃牌一共是 26 张，每人至少拿 5 张，所以最多只能有 5 个人。

小强拿了 4 张黑桃，那么他最多只能拿 7 张红桃；就算小刚和小明都拿了 9 张红桃，他们 3 人也只拿了 25 张红桃，少于 26 张，所以至少是 4 个人。

假设是 5 个人，那就有 4 个人拿了 5 张红桃，1 个人拿了 6 张红桃。

对于拿了 5 张红桃的人来说，黑桃和方块只有一种选择：4 黑桃 3 方块，与只有小强拿了 4 张黑桃这个条件矛盾。所以是 4 个人。

拿牌的组合情况如下表所示。

人员	花色		
	红桃	黑桃	方块
小强	5	4	3
小刚	6	5	1
小华	7	3	2
小明	8	3	1

39．纸牌游戏

第一次，S 说不知道，说明 P 肯定不是 A。P 也说不知道，说明 S 不是 2。为什么？因为如果 P 是 A，S 马上就知道自己是 2 了。他说不知道，P 就知道自己肯定不是 A，如果这个时候 S 是 2，P 就能肯定自己应该是 3 了，所以 S 不是 2。

第二次，S 说不知道，说明 P 不是 3，因为前一次 S 说不知道，P 知道自己肯定不是 2，如果 S 是 3，P 马上就知道自己是 4 了，所以 S 不是 3，而 P 又说不知道，说明 S 不是 4。因为 S 从 P 说不知道得知自己不是 3，如果 S 是 4，P 马上就能知道自己应该是 5 了，所以 S 也不是 4。

第三次，S 又说不知道，说明 P 不是 5，因为第二次最后 P 说不知道，S 就知道自己不是 4 了，如果 P 是 5，S 马上就可以知道自己是 6。同样，S 不是 6，因为 P 从 S 说不知道得知自己不是 5，如果 S 是 6，P 马上就知道自己应该是 7 了，所以 P 还是不知道。最后，S 说他知道了！因为他从 P 不知道中得知自己不是 6，而他看到 P 头上的号码是 7，他就知道自己是 8 了。P 听到 S 说知道了，就判断出 S 是 8 了，所以 P 马上知道自己是 7。

40．牌的花色

假设 1：如果 C 看到 A、B 手中都是黑桃，那么不用想他手中肯定是红桃，但是他是听了 A、B 的答案后才回答的，所以他不可能看到两个黑桃。假设 1 被排除。

假设 2：如果 C 看到 1 张红桃和 1 张黑桃，那么如果他手中拿的是黑桃，A 和 B 中肯定有一人能答出正确的答案。所以 C 能确定他手中是红桃。

假设 3：如果 C 看到 2 张红桃，那么他一样可以确定他手中的牌不是黑桃，因为如果他手中的牌是黑桃，那么 A 回答完"不知道"后 B 就可以答出自己手中是红桃。

所以综合 3 个假设可以得出，C 手中肯定是红桃。

41．花色问题

此人手中 4 种花色的分布存在以下 3 种可能：

① 1237；

② 1246；

③ 1345。

情况③被排除，因为其中所有花色都不是 2 张牌。根据条件（4），情况①被排除，因为其中任何两种花色的张数之和都不是 6。因此，②是实际的花色分布情况。根据条件（4），其中要么有 2 张红桃和 4 张黑桃，要么有 4 张红桃和 2 张黑桃。根据条件（3），其中要么有 1 张红桃和 4 张方块，要么有 4 张红桃和 1 张方块。综合条件（4）和条件（3），其中一定有 4 张红桃，从而确定一定有 2 张黑桃。

综上所述，此人手中有 4 张红桃、2 张黑桃、1 张方块和 6 张梅花。

42．什么花色最多

由条件（3）和条件（4）可知，黑桃比方块多一张。

假设红桃是 2 张，那么黑桃是 4 张，方块是 3 张，剩下的梅花是 4 张，不符合条件（2）。

假设方块是 2 张，那么红桃是 3 张，黑桃是 3 张，不符合条件（2）。

假设梅花是 2 张，那么根据其他条件，可得出红桃是 2 张，方块是 4 张，黑桃是 5 张，共 11 张，不符合条件（3）和条件（4）。

假设黑桃为 2 张，那么红桃是 4 张，方块是 1 张，剩下的梅花是 6 张，满足所有条件。因此梅花最多，为 6 张。

43．扑克牌的花色

把牌翻开看一下。

44．还剩几张牌

将"只有甲有""只有乙有""只有丙有""只有甲和乙有""只有甲和丙有""只有乙和丙有""三个人都有"这几种情况分别设未知数，然后按照题中给出的 7 种关系列出 7 个方程，求解此方程组即可得到答案。

（1）2 张牌；

（2）2 张牌；

（3）5 张牌。

45．成绩排名

小丽是第一名，小王是第二名，小刚是第三名，小明是第四名，小芳是第五名。

46．5 个女儿

5 个女儿手中，各种花色牌的数量如下表所示。

人 员	花 色			
	红桃	黑桃	方块	梅花
大女儿	5	1	1	1
二女儿	2	1	3	2
三女儿	1	1	3	3
四女儿	1	4	2	1
小女儿	1	3	1	3

47．哪对被隔开了

由条件（1）可知：红桃 3 对面可以是黑桃 3、黑桃 5、黑桃 6。但条件（3）为黑桃 6 右边的牌是一张红桃，所以黑桃 6 不可能，因此由条件（1）可知，那个位置是黑桃 4。

现在只剩下黑桃 3 和黑桃 5 了，已知只有一对被隔开，假如是对 3，那么黑桃 4 右边就是红桃 4，而红桃 4 和红桃 5 之间只有一个位置，不论放哪张都会有第二对被隔开，所以只能是黑桃 5。现在知道了 3 个位置上的牌：红桃 3 对面是黑桃 5，黑桃 5 右边是黑桃 4。

下面就用红桃 5 去试各个位置，看和提供的条件是否产生矛盾就可以了。假设黑桃 5 与红桃 5 不被隔开，则红桃 5 在黑桃 5 的左边，由条件（2）可知：黑桃 6 在红桃 3 的左边。由条件（3）可知：红桃 3 在黑桃 3 左边第二个位置上的红桃的对面。也就是黑桃 3 在黑桃 6 的左边。但是黑桃 3 左边第二个位置上是黑桃 5，不是红桃，与假设矛盾。

所以被隔开的就只能是对 5 了。

48．没有出黑桃

总共玩了 4 圈牌，因此，根据条件（3）和条件（4），必定在某一圈先手出的牌是王牌，而且这圈是先手胜。于是，根据条件（1）和条件（2），先手和胜方的序列是以下两种情况之一。

第一种情况：

X 先手，X 胜；

X 先手，Y 胜；

Y 先手，Y 胜；

Y 先手，X 胜。

第二种情况：

X 先手，Y 胜；

Y 先手，Y 胜；

Y 先手，X 胜；

X 先手，X 胜。

不是先出牌就能取胜，表明打的是一张王牌。因此，无论是第一种情况还是第二种情况，都要求一方有两张王牌，而另一方有一张王牌。从而得出黑桃是王牌。

假定第一种情况符合实际情况的序列，则根据条件（4）及第一圈时 Y 手中必定有一张黑桃的事实，X 在第一圈时不是先出了王牌黑桃而取胜的；根据条件（4）及 X 在第四圈时必定要出黑桃的事实，Y 在第三圈时也不是先出了黑桃而取胜的。这同开始时分析所

得的结论矛盾。

所以第二种情况是符合实际情况的序列。根据条件（4）及第二圈时X手中必定有一张黑桃的事实，Y在第二圈时不是先出了黑桃而取胜的。因此在第四圈时，X先出了黑桃并取胜。

根据上述推理，在第一、三、四圈都出了黑桃，只有在第二圈中没有出黑桃。

其他的情况是：X在第一圈时先出的是Y手中所没有的花色。既然X手中应该有两张黑桃，那么X是爸爸，他在第一圈先出的是梅花。接着在第二圈时出了红桃。因此，根据条件（4），儿子在第二圈时先出了方块并取胜；根据条件（3），他在第三圈时先出了红桃，在第四圈时出的是方块。

49．高智商猜牌

首先，有两个或两个以上花色的数字有：A、4、5、Q。一种花色中的牌全部是以上4个数字的是：红桃、方块。

P说不知道这张牌，则P得到的数字可能是：A、4、5、Q其中之一。

Q知道P不知道这张牌，则Q得到的花色是：红桃、方块其中之一。

P说知道这张牌了，则表明P在知道花色为红桃或者方块后，能够判定花色，则P得到的数字不可能为A，也就是P得到的数字为4、5、Q之一。

Q知道P拿的数字为4、5、Q之一，Q说知道了，则Q得到的花色肯定为方块。

所以答案为：P得到的数字为5，Q得到的花色为方块。即抽出的牌为方块5。

50．猜牌大小

甲说："我知道乙和丙的牌大小是不相等的！"所以甲的牌是单数。只有这样才能确定乙、丙的牌的和是单数，所以肯定不相等。

乙说："我早就知道我们3张牌的大小都不相等了！"说明他的牌是大于6的单数。因为只有这样才能确定甲的单数和他的不相等。而且一定比自己的小，否则和会超过14。

这样，丙的数字就只能是双数了。

而丙说他知道每个人手上的数字了，那他根据自己手上的数字知道甲和乙的数字和，又知道其中一个是大于6的单数，且另一个也是单数，可知这个和是唯一的，那就是7+1=8。如果甲乙之和大于8，比如是10，就有两种情况9+1和7+3，这样，丙就不可能知道前两个人手中的牌了。

因此，三个人手上的牌分别是A、7、6。

51．两人猜牌

两人手中牌都是4。两张牌的积为8或16时，这两张牌只能为A、2、4、8。可能的组合为：1×8、2×4、2×8、4×4。

当皮皮第一次说推算不出来时，说明皮皮手中的牌不是A，如果是A，他马上可知琪琪手中的牌是8，因为只有1×8才能满足条件，他猜不出来，说明他手中的牌不是A，他手中可能为2、4、8。同理，当琪琪第一次说推算不出时，说明她手中的牌不是A和8，如果是8，她马上可知皮皮手中为2，因前面已排除了A，只有2×8能符合条件了，她手中的牌可能为 2、4。

皮皮第二次说推不出，说明他手中不是 A、2、8，这样琪琪就知道皮皮手中是 4 了。

52．五打一（1）

甲先出 5，丙出小王，甲用大王管上，接着出 3，丙出 5，丁出 6，戊出 2，然后出对 7，乙出对 Q，没人管则丙出牌，出 3，丁出 6，5 人一组获胜。

53．花色的张数

红桃。

分别假设每种花色，然后推理是否有矛盾即可。

54．扑克数字游戏

由 6 个人说的话可知：

李有 4、8、8、8、8；

王有 7（1、2、4 张），另外的只可能是 3 和 9；

刘有 3、4、5、6，另外 1 张是 2 或 7；

方有 9（1～3 张），有 2；

邓可能是 5、4、4、3、2，或者有 5、5、4、3、2，或者有 5、5、4、4、4；

周有 9。

由此继续推理可得 6 人的牌如下。

李：4、8、8、8、8

王：3、7、7、7、7

刘：2、3、4、5、6

方：9、9、6、2、2

邓：5、5、5、4、4

周：2、3、3、9、9

因此剩下的 2 张牌是 2 张 6。

55．谁的牌

人的代号及持有的牌如下表所示。

人	牌	人	牌
J	Q, K, A	K	J, Q, A
Q	J, K, A	A	J, Q, K

由条件（5），A 的牌不是 Q，得：

人	牌	人	牌
J	Q, K, A	K	J, Q, A
Q	J, K, A	A	J, K

(1) 若 A 的牌是 K，则：

人	牌	人	牌
J	Q, A	K	J, Q, A
Q	J, A	A	K

如果 J 的牌是 Q，由条件（4）可知拿着 A 的人是 K，这样 Q 的牌是 J，与条件（2）矛盾。
如果 J 的牌是 A，则 Q 的牌是 J，K 的牌是 Q，与条件（3）矛盾。

(2) 若 A 的牌是 J，则：

人	牌	人	牌
J	Q, K, A	K	Q, A
Q	K, A	A	J

由条件（3）得：

人	牌	人	牌
J	K, A	K	Q
Q	K, A	A	J

由条件（4）得：

人	牌	人	牌
J	K	K	Q
Q	A	A	J

所以，J 的牌是 K，Q 的牌是 A，K 的牌是 Q，A 的牌是 J。

56．出牌顺序

四人出牌顺序如下。

甲：5，10，1，8，4，7，2，9，3，6
乙：10，9，8，7，6，5，4，3，2，1
丙：1，2，3，4，5，6，7，8，9，10
丁：9，2，8，1，3，4，7，5，6，10

57．3 人扑克

条件这么多，一下子满足所有的条件非常困难，可以把条件归类，逐条满足。

首先，根据（1）、（2）和（5）三个条件，可以列举出 4 个加数互不相同，且最大加数不超过 7，总和为 17 的所有情况：

1+3+6+7=17
1+4+5+7=17
2+3+5+7=17
2+4+5+6=17

再根据（3）和（4）两个条件不难看出，每人 4 张牌分别为

甲：1，3，6，7

乙：2，3，5，7

丙：2，4，5，6

58．扔扑克

首先看字母，第二次的时候能看见 a、i、u，说明背面是 o 的可能是第二次看见的 A 和 3 中的一张。但是，第一次时 o 和 A 同时出现，所以 A 的背面不可能是 o，因此 3 的背面是 o。

59．牌的顺序

如果红桃 6 排在红桃 5 下面，顺序就是红桃 3、红桃 5、红桃 2、红桃 6、红桃 A，剩下的条件（4）和条件（5）无法同时满足，所以红桃 6 肯定是在红桃 5 的上面。所以红桃 2、红桃 3、红桃 5、红桃 6 四张牌的顺序是：红桃 3、红桃 6、红桃 5、红桃 2。因为红桃 5 不是第五张，所以红桃 A 和红桃 4 不能都在红桃 5 上面，两张牌也不能都在红桃 2 的下面，所以顺序是红桃 3、红桃 6、红桃 A、红桃 5、红桃 2、红桃 4。无论哪种组合，第 4 张牌都是红桃 5。

60．洗好不能吃

扑克。

三、图形有技巧

61．分 4 等份

有下图所示 5 种分法。

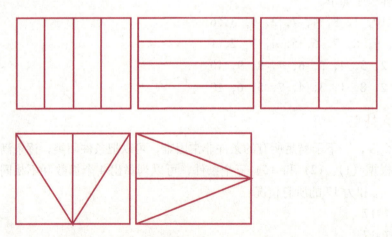

62．拼图

剪的方法如下图所示，然后向下错位移动拼合在一起即可。

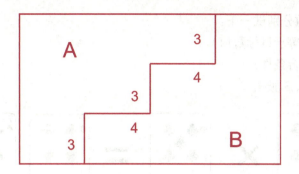

63．难题

排成一个五角星的形状。

5 个角的顶点加上五角星内部的 5 个交点，一共 10 个点就是放扑克牌的地方。

64．巧放扑克牌

如下图所示，3 张牌只要放在等边三角形的 3 个顶点即可；4 张牌则放到正四面体的 4 个顶点上。

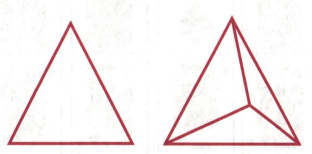

65．同样大的扑克

由于左边两个数字的个位相同，而且右边的个位是 9，因此两个相同的数字相乘的结果中个位是 9 的只能是 3 或 7。

只需把这两个数分别试一下：

93×3=279（不等于目标数值）

97×7=679（符合条件）

所以答案是放入 3 张 7。

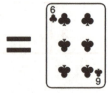

66．字母问题

两个问号都是 11。

67．有多少个答案

1+2+3－4+5+6+78+9=100
1+2+34－5+67－8+9=100
1+23－4+5+6+78－9=100
1+23－4+56+7+8+9=100
12+3+4+5－6－7+89=100
12－3－4+5－6+7+89=100
12+3－4+5+67+8+9=100
123－4－5－6－7+8－9=100
123+45－67+8－9=100
123－45－67+89=100
……

68．剪扑克

将完整纸牌的中心与缺角的中心连成一条线。

69．调转扑克

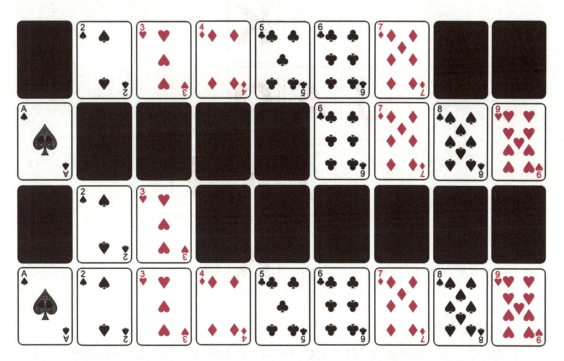

70．6张扑克牌

以3为例，3的两边不能放2、4和5，所以只能放A和6，所以已经有3张牌的位置固定了。还剩下2、4和5，4和5不能相邻，所以一定要由2隔开，故6后放4，A后放5。

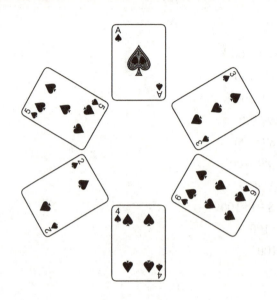

71．猜扑克牌

所有扑克牌的情况如下图所示。

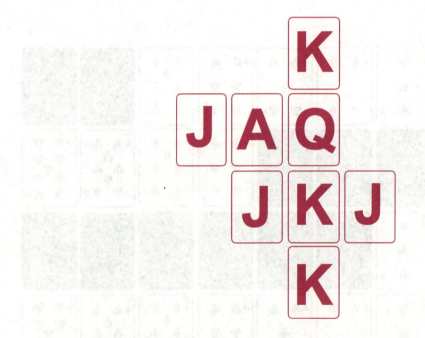

72．扑克占卜

首先考虑上下。如果黑桃、红桃的数目相同，则上升和下降的次数应该相等，占卜会在上面的某张牌终止，但实际是在下面终止的，所以向下的次数比向上的次数多4次，也就是黑桃比红桃多4张。

左右方向同理，梅花（黑）比方块（红）多4张。

因此，黑色牌比红色牌多8张。

答案

73. 线条推理

答案如下图所示。它们是扑克牌 4 种花色的图案的右半部分。

74. 九宫之法

有歌诀传世：九宫之义，法以灵龟，二四为肩，六八为足，左七右三，冠九履一，五居中央。延伸出去，还有四四图，五五图，直至百子图。

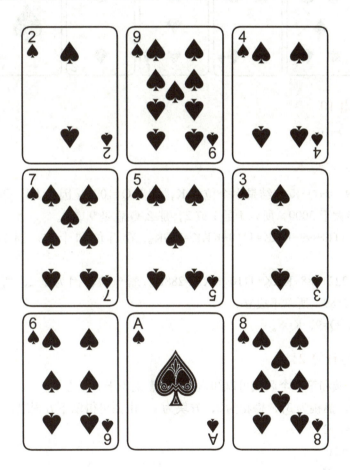

75. 换牌

A2 和 34 互换：34A25
4A 和 25 互换：3254A
32 和 54 互换：5432A

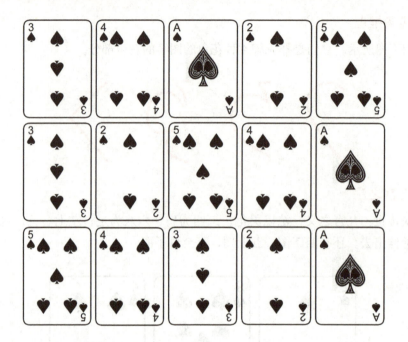

76. 拼凑出 10

(1+1÷9)×9=10

77. 三重 J、Q、K

先看个位数，J+Q+K 的结果中个位为 K，即 J+Q=10。又因为 JJJ、QQQ、KKK 三个数加起来不可能大于 3000，所以 J 是 1 或 2，那么 Q 就是 9 或 8。

假设 J=1，111+999+KKK=1110+KKK=199K。看百位和十位，因为 1+K=9，所以 K=8。

假设 J=2，222+888+KKK=1110+KKK=288K。看千位，因为是 2，所以 K 只能是 9。但 1110+999 ≠ 2889，所以不成立。

因此，J=1，Q=9，K=8。

78. 用符号计算 21

由第 2 个区域和第 4 个区域可以知道，1 张黑桃等于 3 张方块。

设红桃为 x，黑桃为 $3y$，梅花为 z，方块为 y。由图可得以下方程组：

$$\begin{cases} 0+9y+2z+4y=21 \\ x+9y+z+y=21 \\ 2x+0+z+3y=21 \end{cases}$$

求解得：

$$\begin{cases} x=7 \\ y=1 \\ z=4 \end{cases}$$

即红桃为 7，黑桃为 3，梅花为 4，方块为 1。

79. 超级透视

并不是黑桃 4。因为普通的扑克牌左上角和右下角都会有额外的花色标记,因此这是一张黑桃 2。

80. 猜牌游戏

方块 8。

81. 从长方形到正方形

如下图那样组合就会出现 8 个正方形。

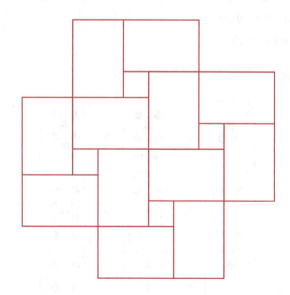

82. 4 的游行

因为是用两位数的组合拼凑四位数,所以单纯的累加是不可能得到的,所以需要相乘。44×44=1936,还与目标值相差 60,所以接下来用 44、4、4 拼凑出 60,就是 44+4×4=60。因此答案是:44×44+44+4×4=1996。

83．花色填数

值为68。各花色代表的数值如下：三角为7，圆为11，太阳为17，心为3。

84．用五角计算24

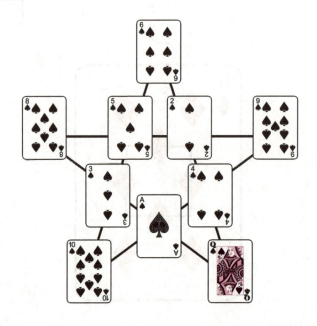

85．加符号

1×2+3×4+5×6+7+8−9=50
1+2+（3+4）×5+6+7+8−9=50
123−4×5×6+7×8−9=50

86．扑克牌算式

87．全体报到

先来看相乘的等式，如果与2相乘的是1或2，则同样数字会出现两次。如果乘以

4 也不行（上面已经出现过 8 了）。如果乘以大于 5 的数字，结果就会变成 2 位数，也就是说只能是 2×3=6。用剩下的数字拼凑第一个等式 1+7=8 或者 7+1=8。再用剩下的数字拼凑第三个等式 9−4=5 或者 9−5=4。

因此，方框处是 9。

①＋⑦＝8
2×③＝⑥
9−④＝⑤

四、数字里面藏

88．计算 24 点（1）

(10×10−4)÷4=24

8÷(3−8÷3)=24

(3÷7+3)×7=24

89．计算 24 点（2）

$6÷\left(1-\dfrac{3}{4}\right)=24$

90．3 张牌

这 3 张牌是 A、2、3。1×2×3=6，1+2+3=6。

91．扑克比赛

3 胜 1 败。

5 个人胜的场数和败的场数应该是一样的，前 4 个人胜了 7 场，败了 9 场，也就是说戊胜的场数应该比败的场数多 2 场。又因为每个人都要比赛 4 场，所以成绩应该是 3 胜 1 负。

92．赢了几局

如果 10 局牌都是甲赢的，那乘以 2 应该是 20。现在是 26，说明有 6 局被乘以了 3，所以乙赢了 6 局，而甲赢了 4 局。

93．猜牌数

是 15 张。

可以把 10～36 中所有能被 3 整除的数列出来测试一下，只有 15 符合要求。

94．教授的牌

这两张牌是 A 和 8。

95．5 张牌

5 张牌是 A，1，2，3，4，5

1+2+3+4+5=15

1×2×3×4×5=120

91

96．庄家分牌

3 个人，4 张牌。

97．符号逆转

假设 K=1，那么 J+Q=J−Q（Q 不可能是 0），所以不可能，因此 K 大于 2。右边（J−Q）×K 是整数，所以左边（J+Q）÷K 也必须是整除。

综合以上条件，可以得到两组答案：

(5+4)÷3=（5−4）×3

(5+3)÷2=（5−3）×2

98．分牌

甲：8 张；

乙：4 张；

丙：2 张；

丁：1 张。

这堆牌有 15 张。

99．扑克牌

都等于 26 减去 A 堆中的红牌张数。

100．3 人分牌（2）

如果一开始这堆牌多 2 张，则每次分牌都正好平分。设一开始有 $x-2$ 张，则最后一次分的时候每份牌有 $\frac{2}{3} \times \frac{2}{3} \times \frac{2}{3} \times \frac{1}{3} \times x - 1$ 张，也就是 $\frac{8x}{81} - 1$ 张。x 最小要取 81 才能使这个数是整数。因此，这堆牌最少有 79 张。

101．国王的重赏

扑克牌一共有 54 张，所以总麦粒数等于 $2^{54} - 1 = 18014398509481983$。

102．牌的张数

甲有 11 张，乙有 7 张，丙有 21 张。

103．公主选婿

30 张。

设原有牌 x 张，则可得如下公式：

$$\frac{x}{2} + 1 + \frac{\frac{x}{2}-1}{2} + 1 + \frac{\frac{x}{2}-1-\frac{\frac{x}{2}-1}{2}+1}{2} + 3 = x$$

解得 $x=30$。

104．4张牌

这4张牌分别为8、7、1、2。

105．12张扑克牌

假设5张是牌A，剩下7张牌的和应该是31。设为2的牌有 x 张，为5的牌有 y 张，则 $x+y=7$，$2x+5y=31$，没有整数解。

假设5张是牌2，剩下的7张的和应该是26。设为A的牌有 x 张，为5的牌有 y 张，则 $x+y=7$，$x+5y=26$，没有整数解。

假设5张是牌5，剩下的7张的和应该是11。设为A的牌有 x 张，为2的牌有 y 张，则 $x+y=7$，$x+2y=11$；故有 $x=3$，$y=4$；

所以这5张一定是牌5。

106．巧分牌

4份分别是8、12、5和20。

设最后都为 x，则第一份为 $x-2$，第二份为 $x+2$，第三份为 $\frac{x}{2}$，第四份为 $2x$，总和为45，求得 $x=10$。这样就可以知道原来每一份各是多少了。

107．牌的顺序

可以用倒推法得出答案。最开始的顺序为7、A、Q、2、8、3、J、4、9、5、K、6、10。

108．扑克八强

因为B、C、D 3人中B最高，D最低，但都不是第八名，C应该高于第七名。F的名次为A、C名次的平均数，且B、C、D中，C在中间，所以C前面至少有A、B、F，也就是C的位置只可能在第五或者第六。

假设C在第六，D只能在第七；F比E高四个名次，只能F在第一，E在第五；这与F为A、C平均数矛盾。所以C在第五位。

F是A、C的平均数，则F在第三位，A在第一位；F比E高四个名次，E在第七位；D不在最后，D在第六位；B在第二位，最后剩下H在最后。

所以名次顺序为：A、B、F、G、C、D、E、H。

109．死亡信息（2）

住在314房间的乙可能是凶手。因为根据数学老师的死亡信息，手里攥着一张扑克牌，代表的是 π，就是3.14。所以住在314号房的乙有重大嫌疑。

110．移动扑克牌

把2放在6的右上角，变成6的2次方即可。

$$6^2-35=1$$

111．分扑克牌

四个人分别得到的牌是 6 张、12 张、3 张和 27 张。

设最后得到的结果为 x，则第一个人的牌数为 $x-3$，第二个人的牌数为 $x+3$，第三个人的牌数为 $\frac{x}{3}$，第四个人的牌数为 $3x$，总和为 48，求得 $x=9$。这样就可以知道原来每一个人的牌数各是多少了。

112．另类分牌

因为"剩下的一半加半张给第四个人"，只有剩下 1 张时，一半加半张才能正好一张不剩地分完。所以可以推出，一共 15 张，四人分别分到了 8、4、2、1 张。

113．5 人数牌

设 A 有 x 张牌，则 B 有 $14-x$ 张，C 有 $x+6$ 张，D 有 $12-x$ 张，E 有 x 张。

B、C、D 三人剩的牌的和为 $(32-x)÷3$ 张，五人牌的总和为 $x+32$ 张。因为 A、E 相等，又经过联合分配，最后结果一样，说明 A、E 原来剩的牌的张数就是平均数。

所以 $x=(32-x)÷3$；

解得 $x=8$。

所以 A 剩下 8 张牌，B 剩下 6 张牌，C 剩下 14 张牌，D 剩下 4 张牌，E 剩下 8 张牌。

114．4 人取牌（1）

甲拿的两张牌为 1 和 9，乙为 4 和 5，丙为 3 和 8，丁为 6 和 2，剩下的牌是 7。

115．4 人取牌（2）

甲拿的两张牌为 2 和 5，乙为 4 和 8，丙为 A 和 6，丁为 3 和 9，剩下的牌是 7。

116．4 人取牌（3）

甲拿的两张牌为 A 和 5，乙为 2 和 7，丙为 3 和 6，丁为 4 和 8，剩下的牌是 9。

117．4 人取牌（4）

甲拿的两张牌为 2 和 4，乙为 5 和 7，丙为 A 和 6，丁为 3 和 9，剩下的牌是 8。

118．4 人取牌（5）

甲拿的两张牌为 3 和 5，乙为 A 和 6，丙为 2 和 9，丁为 4 和 8，剩下的牌是 7。

119．4 张扑克牌

把 15 分解质因数，则 $15=3×5×1×1$。所以这 4 张扑克牌分别是 3、5、A、A。

120．3 个孩子

首先，确定 A 到 K 中哪张牌不在 3 人手中。1～13 这 13 个数字之和是 91，而 3 人所有牌的点数之和是 84，因此，不在 3 人手中的牌的点数是 7。

甲的 4 张牌只能是以下两种情况之一（Q 必须包括其中）：

(1) Q、6、10、K

(2) Q、8、10、J

丙的 4 张牌只能是以下 4 种情况之一（4 必须包括在其中）：

(1) 4、1、3、K

(2) 4、1、6、10

(3) 4、2、6、9

(4) 4、3、6、8

这样，甲不可能是 Q、6、10、K，否则，丙的 4 种可能没有一种能够成立。因此，甲必定是 Q、8、10、J。

这样，丙只能是 4、1、3、K 或者 4、2、6、9。

如果丙为 4、1、3、K，那么，乙为 2、5、6、7，其与已知条件不符。所以，丙必定是 4、2、6、9；而乙必定是 5、1、3、K。

所以最大点数的牌 K 在乙手中。

五、纸牌测概率

121．扑克牌赌局

3 张牌可以得到的结果有 $6×6×6=216$ 种，它们的可能性均等，任取一个数字，例如 1，出现一个 1 的可能性为 $3×\frac{1}{6}×\frac{5}{6}×\frac{5}{6}=\frac{75}{216}$，出现两个 1 的可能性为 $3×\frac{1}{6}×\frac{1}{6}×\frac{5}{6}=\frac{15}{216}$，出现三个 1 的可能性为 $\frac{1}{6}×\frac{1}{6}×\frac{1}{6}=\frac{1}{216}$，所以在 216 次中赢的概率为 $\frac{91}{216}$，输的概率是 $\frac{125}{216}$。因为每次得到的钱不一样，也就是说有 75 次赢 1 元，15 次赢 2 元，1 次赢 3 元，一共可以赢 $75+30+3=108$ 元，但会输掉 125 元。所以赌局是对庄家有利的，庄家的收益率是 $\frac{125-108}{216}≈7.9\%$。

122．抽牌游戏

甲和乙抽到的都是踢球，丙抽到的是骑马。

123．抽扑克牌

很显然最后一个是乙选的，那么他想把大的留在后面（比如 24 在最后，结果的绝对值一定大于 24），所以甲希望大的先出，乙相反。

B 采取以下策略：

(1) 如果 A 把 $2k-1$（k 不等于 12）置 +（−）号，他就把 $2k$ 置 −（+）号；

(2) 如果 A 把 $2k$（k 不等于 12）置 +（−）号，他就把 $2k-1$ 置 −（+）号；

(3) 如果 A 把 24 置 +（−）号，他就把 23 置 −（+）号；

(4) 如果 A 把 23 置 +（−）号，他就把 24 置 −（+）号。

95

结果是 36，也就是说至少为 36。

A 的策略如下：

如果 A 第一次选 1，后面 A 总选择与 B 相差 1 的数，并且符号始终相反，则 A、B 各选了 11 次后，最多是 12，那么即使最后是 24，最多为 36。

结果就是 36。

124．打扫卫生

因为两张牌的和不可能是 1，所以实际上只有加起来是 2～10，甲才能赢。加起来得到 2 的概率是 1/100；得到 3 的概率是 2/100；得到 4 的概率是 3/100；得到 5 的概率是 4/100；得到 6 的概率是 5/100；得到 7 的概率是 6/100；得到 8 的概率是 7/100；得到 9 的概率是 8/100；得到 10 的概率是 9/100。总和为 9/20，而乙赢的概率为 11/20。相差了 1/10。

125．6 色相同

一副完整的扑克牌包括大王和小王，共有 54 张。若把大王和小王除去，就剩 52 张，4 种花色各为 13 张。

运气最差时抽 22 张可得到每种花色各 5 张，加上大王和小王，再抽出一张就可得到 6 张相同花色的牌。因此，至少要抽 23 张才能保证有 6 张牌的花色相同。

126．牌色概率

甲抽到红桃而乙看正确的概率是：30%×80%=24%。

甲抽到红桃而乙看错的概率是：30%×20%=6%。

甲抽到黑桃而乙看正确的概率是：70%×80%=56%。

甲抽到黑桃而乙看错的概率是：70%×20%=14%。

其中"甲抽到红桃而乙看错"和"甲抽到黑桃而乙看正确"这两种会导致题中的乙认为甲抽到黑桃。所以甲抽到的确实是黑桃的概率是：56÷(6+56)＝90.3%。

127．轮流抽牌游戏

虽然每次抽牌抽到红色牌的概率相等，但先抽者肯定有优势。先抽者获胜的概率是 $\frac{1}{2}+\left(\frac{1}{2}\right)^3+\left(\frac{1}{2}\right)^5+\left(\frac{1}{2}\right)^7+\cdots$ 这是一个无穷级数，其和为 $\frac{2}{3}$。相应地，后抽者获胜的概率是 $\frac{1}{3}$，因此，先抽者获胜的概率几乎是后抽者的两倍。

128．抽牌概率（1）

第一张抽到王牌的概率是 $\frac{1}{53}$，第二张是 A 的概率是 $\frac{4}{52}$，第三张是 A 的概率是 $\frac{3}{51}$，第四张是 A 的概率是 $\frac{2}{50}$，第五张是 A 的概率是 $\frac{1}{49}$。因此，先抽到王后再把 4 张 A 抽出的概率是：$\dfrac{1\times 4\times 3\times 2\times 1}{53\times 52\times 51\times 50\times 49}=\dfrac{1}{14348425}$。

129．抽牌概率（2）

52 张牌取出 5 张牌，共有 $\frac{52 \times 51 \times 50 \times 49 \times 48}{5 \times 4 \times 3 \times 2 \times 1} = 2598960$ 种组合。其中能组成同花顺的共有 32 种组合。所以抽到同花顺的概率是：$\frac{32}{2598960} = \frac{2}{162435}$。

130．抽牌概率（3）

一共 40 张牌，从中抽 6 张牌，一共有 $C_{40}^{6} = 3838380$ 种可能。

(1) 6 张中有至少 3 张 A 的可能如下。

4 张 A+2 张其他牌：4 张 A 固定了，而 2 张其他牌可以有 $C_{36}^{2} = 630$ 种可能；

3 张 A+3 张其他牌，有 $C_{4}^{3} \times C_{36}^{3} = 28560$ 种可能。

所以概率是：$29190 \div 3838380 \approx 0.76\%$。

(2) 6 张中 A、2、3 各至少有 1 张的可能如下。

3 种各 1 张 + 3 张其他牌：$4 \times 4 \times 4 \times C_{28}^{3} = 209664$ 种；

有 1 种有 2 张 + 2 张其他牌：$4 \times 4 \times C_{4}^{2} \times P_{3}^{1} \times C_{28}^{2} = 108864$ 种；

有 1 种有 3 张 + 1 张其他牌：$4 \times 4 \times C_{4}^{3} \times P_{3}^{1} \times C_{28}^{1} = 5376$ 种；

2 种有 2 张 + 1 张其他牌：$4 \times C_{4}^{2} \times C_{4}^{2} \times P_{3}^{1} \times C_{28}^{1} = 12096$ 种；

有 1 种有 4 张：$4 \times 4 \times P_{3}^{1} = 48$ 种；

有 1 种有 2 张、有一种有 3 张：$4 \times C_{4}^{2} \times C_{4}^{3} \times P_{3}^{2} = 576$ 种；

3 种各 2 张：$C_{4}^{2} \times C_{4}^{2} \times C_{4}^{2} = 216$ 种。

所以概率是：$336840 \div 3838380 \approx 8.78\%$。

131．免费的午餐

实际上是不可能的，因为把 13 张牌所有的排列顺序全部排出来需要的时间太久了。第一张牌有 13 种可能，第二张牌有 12 种，第三张牌有 11 种……

总共有 $13 \times 12 \times 11 \times 10 \times 9 \times 8 \times 7 \times 6 \times 5 \times 4 \times 3 \times 2 \times 1 = 6227020800$ 种排法。

就算那位同学能一秒排出一种，也需要 200 年的时间。

132．花色组合

每人 2 张牌，每张牌有 4 种花色，一共可以有 10 种花色组合。所以至少要 11 个人才能保证有 2 人的花色组合是一样的。

133．红黑相同

将 A 组中的黑色牌数设为 X，则 A 组中剩下的 $26-X$ 张是红色牌。一副牌一共有 26 张红色牌，所以 B 组中有 X 张红色牌。因此 A 组中的黑色牌数和 B 组中的红色牌数必然是相同的，概率为 100%。

134．巧装扑克牌

在第 1、2、3 三个盒子中各放入 13 张牌，第 4~11 个盒子中各放入 3 张牌，第 12 个盒子中放入 37 张牌，这样刚好 100 张牌，每个盒子里的牌数中都有一个"3"。

135．花样扑克牌

有胜算。

假设朝上的是对钩，朝下的是 ✓ 或 × 的机会并不是各一半。朝下是 ✓ 的机会有两个：一个是第一张卡片的正面朝上时；另一个是第一张卡片的反面朝上时。但朝下是 × 的机会，只有当第二张卡片正面朝上的时候出现，也就是说，只要回答朝上那面的图案，就有 2/3 机会赢。

136．翻黑桃

第三张是黑桃 A 的概率是 90%，第四张是黑桃 A 的概率是 10%。

137．抽牌的概率

小李的情况出现的概率是 $4 \times \frac{1}{6} \times \frac{5}{6} \times \frac{5}{6} \times \frac{5}{6} = \frac{500}{1296}$；小王的情况出现的概率是 $1 - 500 \div 1296 = 796 \div 1296$。所以小王获胜的可能性大。

138．抽牌

甲赢得多，他点数大的次数约占全部的 55%，如下表所示，其中，L 表示乙输，W 表示乙赢）。

	4	6	8
3	L	L	L
5	W	L	L
7	W	W	W

139．扑克牌

（1）的论述不正确，可以举例来说明。假设三种牌的张数分别是：6、6、8，就推翻了条件（1）的假设，所以条件（1）不正确。

然后看条件（2）。假设三种牌都不多于 6 张，那总数就不会多于 18 张，与 20 张牌矛盾。因此条件（2）正确。

最后看条件（3）。由于有三种牌共 20 张，如果其中有两种总数超过了 19，也就是达到了 20 张，那么另外一种牌就不存在了，与题干矛盾，由此可见条件（3）的说法正确。

140．赌红黑

乙似乎有很多方法能保证他的获胜概率大于 50%。比如，他可以等到黑牌都翻完后赌下一张牌是红色。不过别忘了，黑牌先翻完和红牌先翻完的概率是对半的，如果等到最后是红牌先翻完，他就必输无疑了。因此，采取这种策略并不会增加乙获胜的概率。事实上，这是一个完全公平的游戏，乙没有所谓的"最佳策略"。乙的任何一种策略结果都完全一样：50% 的概率获胜，50% 的概率输掉。

为了证明这一点，我们换一个角度思考。当乙在某一个时刻下赌后，剩下的牌里面第一张是红色与最后一张是红色的概率显然是完全相同。那么这个游戏其实等价于：甲把牌一张一张地翻开，乙可以在任何时候打断甲，并赌最后一张牌是红色。很明显，在这个等价的游戏中，不管乙用什么策略，获胜的概率总是50%，最后一张牌是红色，乙就赢；最后一张牌是黑色，乙就输。

141．抽牌概率问题

第二种方法是错的，这种方法重复计算了两张都是A的概率。

142．15点

"15点"游戏的诀窍在于它在数学上等价于"井"字游戏。该等价关系是在著名的3×3魔方（也就是九宫格）的基础上建立的，而3×3魔方在中国古代就已发现。要了解这种魔方的妙处，先列出其和等于15的所有3个数字的组合（不能用相同的数字，不能有零）。这样的组合只有8组：

1+5+9=15
1+6+8=15
2+4+9=15
2+5+8=15
2+6+7=15
3+4+8=15
3+5+7=15
4+5+6=15

现在仔细观察右图所示的这个独特的3×3魔方。

2	9	4
7	5	3
6	1	8

图中有8组元素，8组元素都在8条直线上：三行、三列、两条主对角线。每条直线等于8组三个数字（它们加起来是15）中的一组。因此，在游戏中每组获胜的3个数字都是某一行、某一列或某条对角线上的数字。

很明显，每一次游戏与在这个方阵上玩"井"字游戏是一样的。庄家在一张卡片上画上这个魔方图，把它放在游戏台下面，只有他能看到。在进行"15点"游戏时，庄家对照"井"字游戏是不会输的。假如双方都正确无误地进行，最后就会出现和局。然而，被拉进游戏的人总是处于不利的地位，因为他们没有掌握"井"字游戏的秘诀。因此，庄家很容易设置埋伏，让自己轻松获胜。

143．红牌黑牌

如果认为另一张是红是黑和第一张没有关系，因此都是50%的概率，就错了。

抽牌拿到红牌或黑牌的概率确实是相等的，都是50%，所以抽两张牌有4种概率相等的组合：红、红；红、黑；黑、红；黑、黑。现在已知其中一张是红牌，所以排除黑、黑的组合，剩下的三种组合各有1/3的可能，而其中另一张是红牌的概率只有1/3。

六、看牌找规律

144．花纹一样（1）

一张都没有，反面怎么能和正面一样呢？

145．花纹一样（2）

只有方块牌可以，具体的有方块 A、2、3、4、5、6、8、10、J、Q、K。

146．剩下的一张牌

可以将 54 张牌分别编号 1～54，然后将 54 个数字写成一个圆圈，从 1 开始依次隔一个数字删掉一个数字，到最后会发现剩下的数字为第 44 号，也就是红桃 J。

147．"尾巴"移上"脑袋"

设 6 张扑克的前 5 张组合成的 5 位数是 a，第 6 张扑克是 b，则组合出来的 6 位数是 $10a+b$，并且满足（$10a+b$）×4=a+100000b。将此式化简后得到 a=2564b。因为 a 是 5 位数，所以 b 最小是 4，最大是 9。将 b 的可能取值分别代入并去掉含有数字 0 的取值（因为扑克牌里没有 0），即可得到另一个满足题设的 6 位数：179487×4=717948。

148．取牌游戏

后取的可以获胜。首先，如果先取的人取一张牌，那么，后取的人就在另一边对称的位置取 2 张牌；如果先取的人取 2 张牌，那么，后取的人就在另一边对称的位置取一张牌。只要确保使剩下的 10 张牌分成左右对称的两组即可。在以后的取牌中，如果先取的人取一张，后取的人也取一张；如果先取的人取两张，后取的人也取 2 张。并且取的牌是另一组中对应的位置，这样下去，后取者一定可以取到最后的那张牌。

149．分放扑克牌

红盒子里扑克的数量是 8 张。因为拍掌的次数是 31 次，所以 54 张牌不会全放在红盒子里；如果 31 次都放入蓝盒子里，那么一共要放 62 张牌，62 张牌比总数多了 8 张。所以 54 张牌也不会都放在蓝盒子里，有一部分放在了红盒子里。每往红盒子里放一张牌也要拍掌一次，这样拍掌的数量不会变化，但放的数量比放在蓝盒子里要少一张。所以往红盒子里放的数量是：62－54=8 张。

150．扑克牌序列

梅花 K。这是一个著名的斐波那契数列，它的规律是每一张牌的点数都是前面两张牌的点数之和。花色正好以 4 张为一个循环。

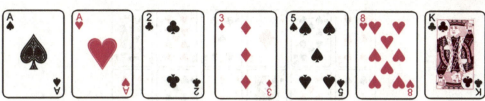

151．隐含的规律

第一组牌发音都是一声，第二组牌发音都是四声，第三组牌发音都是三声。

152．放错的扑克牌

是黑桃 7，这张牌上下颠倒了。因为每一行三张牌的朝上黑桃数目减去朝下黑桃数目都是 3。

153．扑克牌的分类

小陈的分类标准是：牌面花色中心对称的放在上一组，不对称的放在下一组。梅花 5 是不对称的，所以放在下一组。

154．扑克牌方阵

梅花 9。

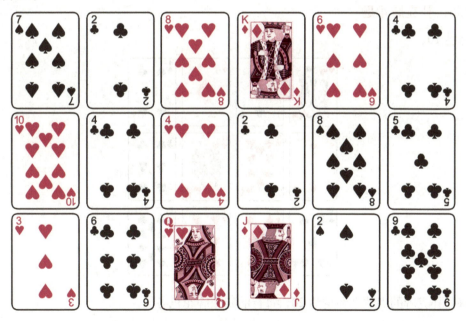

把红色扑克牌看成正数，把黑色扑克牌看成负数。在图中每列扑克牌中最下面一张牌等于上面两张牌数值的和。把"红桃、黑桃"归为一组，把"方块、梅花"归为一组，每列牌的花色是这两组的交替。

155．扑克牌谜题

梅花 A。

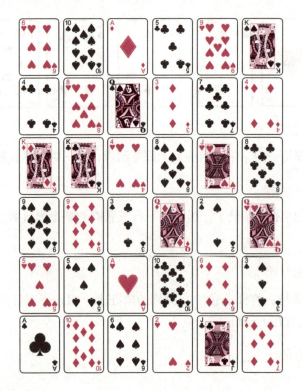

156．扑克牌难题

黑桃 10。

每列扑克牌的点数之和均为 20，每行的四张牌花色各异。

157．扑克牌逻辑

9 应该是红桃。所有的红桃牌都能一笔写完，黑桃牌则不行。

158．扑克牌矩阵

每个 2×2 的方格中，右下角的数字都是其他 3 个数字之和。根据这条规则，未给出的牌是红桃 6 和红桃 3。

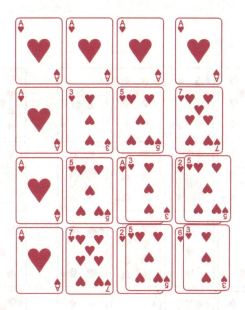

159. 奇妙的扑克牌

红桃 Q。每张红桃都等于它右边 3 张牌的和与左边 3 张牌的和的差。

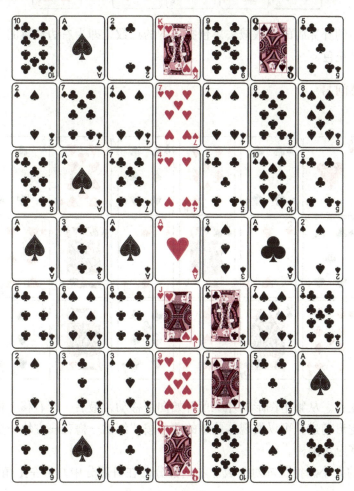

160. 趣味扑克牌

方块9。

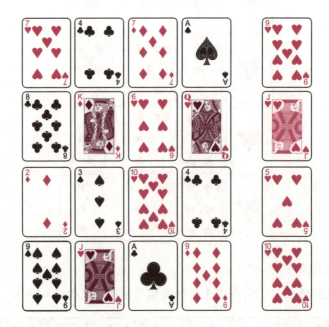

每行中红色的扑克牌的点数减去黑色扑克牌的点数，即为右边红桃的点数，并且每一行中均包括四种花色。

161. 替换问号

黑桃3。

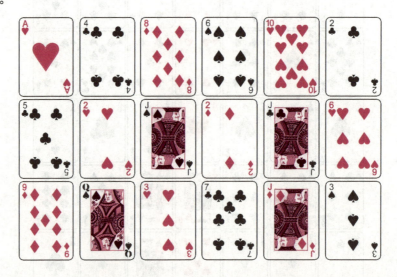

首先来看花色。从整个图形的左上角开始向下移动，最后一行右移1格，然后从下向上进行，以此蛇形前进。可以发现这些牌的花色按"红桃→梅花→方块→黑桃"的顺序重复，问号处的牌应为黑桃。

再来看牌的大小。把牌阵对分成左右两部分，在每部分中，从左上角开始向右移动，

然后下移 1 行向左移动，以此蛇形前进。左部分牌的数值以 3 和 4 为单位交替增加，右部分牌的数值以 4 和 5 为单位交替增加（每到 13 重新计数），所以问号处牌的大小为 3。

162．9 张扑克牌

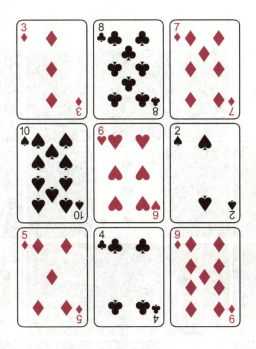

163．菱形扑克阵

黑桃 5。每一对齐的竖排的牌加起来都等于 9，而花色的变化顺序是 D、B、A、C、E、G、I、H、F 的蛇形顺序。

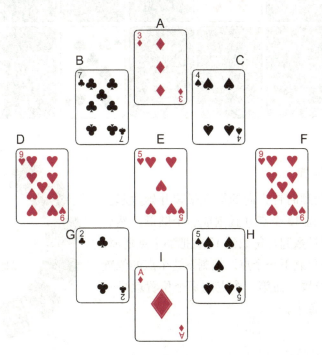

优等生必玩的扑克游戏——培养数学思维

164. 折纸牌

需要折 6 次，可以动手试试。

165. 各不同行

答案如下图所示。

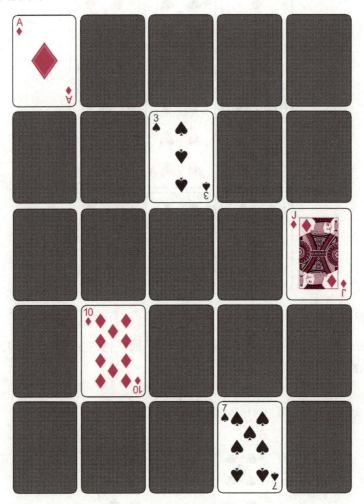

166. 数 13 抽牌

从黑桃 A 开始顺时针方向的第 6 张牌开始数起。

方法：在纸上画 13 个点并且围成一个圆形。然后从某一点开始顺时针数起，每数到 13 就把那个点划掉，然后继续数。直至只剩下一个点。把剩下这个点的位置确定为黑桃 A 的位置，而第一个点的那个位置就是一开始要数的那个位置了。

167. 圆桌花色

一共有 24 人。因为每个人左右两个邻座手里拿的牌都同色,所以小明旁边的两个人可以是红色牌也可以是黑色牌。如果是红色牌,所有人都是红色牌,这与题目不符。所以小明旁边是两个黑色牌,那么可以判断这张桌子旁的人手里的牌是红色黑色交替的。

168. 拿扑克牌

最开始也有 3 张牌,每次之后,手里的牌数都不变。

七、说话辨真假

169. 扑克牌游戏推理

4 个 5 和 4 个 10 都在乙手里。在普通的扑克游戏中,5 张的顺子必然要包含 5 或 10,不考虑 A 是大还是小,或者两者都算。

170. 猜猜看

3 张。丙猜对了。

171. 猜花色

因为 5 个人都猜对了一张,并且每人猜对的花色都不同。所以猜对第一张的只有丙,也就是第一张是红桃。那么第五张就不是黑桃,所以第五张只能是方块。戊说的第二张是王牌也就不对。既然第二张不是王牌,那就应该如第一个人所说,第三张是王牌。所以第二张就不能是方块,所以第二张只能是梅花了。

所以第一张是红桃,第二张是梅花,第三张是王牌,第四张是黑桃,第五张是方块。

172. 牌面的大小

甲猜对了,而且甲的牌面最小。由小到大的顺序为甲、丙、乙、丁。

173. 正面与反面

一个正面一个反面有两种情况,所以两张都出现正面的概率应该是 1/4。

174. 猜猜是什么牌

D 说得对,桌上是一张 7。

175. 王牌在谁手里

如果 8 人中有 3 人猜对,王牌在 C 手里;如果有 5 人猜对,王牌在 G 手里。

176. 5 人猜牌

此题用假设法。假设 A "C 是 3" 的说法正确,那么 B 就不是 4。同时,B 也不是 3,E 是 4(由 D 所说推出),再根据 B 所说知道 A 是 5,然后根据 C 所说得出 B 是 7,最后根据 E 的说法知道 D 是 6。

177．手中的牌

因为 4 个人共剩 10 张牌，如果：

乙＋丙 =5，则丁＋甲 =5；

乙＋丙 ≠ 5，则丁＋甲 ≠ 5。

所以，甲和丙或者都说了实话，或者都撒了谎。

假设他们都说了实话，甲 ≠ 2，丙 ≠ 2。由于丙的发言是真实的，丁 ≠ 3。

假设乙的话是真的（乙 ≠ 2），由于丙＋丁 =5，可得乙＋甲 =5，丁的话是假话，所以丁 =2。因此，丙 =3，甲的话就变成假话了；乙的话是假的，乙 =2。由于乙＋甲 ≠ 4，所以丁的话是假话，丁 =2。由于甲的话是真话，所以丙 =3，那么，丙＋丁 =5，就成了乙有 2 个却又说了真话，这是自相矛盾的。由此推知，前面的假设是不成立的。

他们都撒了谎，即：甲 =2，丙 =2。由丙的发言（假的）可知，丁不等于 3。所以，乙的发言是假的，乙 =2，剩下的丁就是 4。他们各自牌的数量具体如下。

甲：2 张；乙：2 张；丙：2 张；丁：4 张。

178．手里的剩牌

小王剩了 13 张，小李剩了 15 张，小张剩了 12 张。

179．猜牌

能。这 4 张牌是 2、5、6、8。

先列出 4 人猜的情况。甲猜对了两张牌，可能是 2 和 3、2 和 4、2 和 5、3 和 4、3 和 5、4 和 5。

乙猜对了一张牌，可能是（A、3、4、8）中的 1 张，他未猜的 4 张牌（2、5、6、7）中有 3 张是小明抽到的。

丙猜对了两张牌，可能的组合为 A 和 2、A 和 7、A 和 8、2 和 7、2 和 8、7 和 8。

丁猜对了一张牌，可能是（A、4、6、7）中的 1 张，他未猜的 4 张牌（2、3、5、8）中有 3 张是小明抽到的。

8 张牌中，甲与丙两人都猜了 2，两人都没有猜 6。

8 张牌中，乙与丁两人都猜了 A、4，两人都没有猜 2、5。

我们先假设小明没抽到 2，那么从乙未猜的牌中可得出小明抽到了 5、6、7，同时从丁未猜的牌中可得出小明抽到了 3、5、8；显然，这样小明就抽了 5 张牌，因此假设是错的，也就是说小明抽到了 2。同理可推出小明也抽到了 5。

再假设小明抽到了 A，那么从乙猜的牌中可得出小明没抽到 3、4、8。同时，从丁猜的牌中可得出小明没抽到 4、6、7。这样小明就有 5 张牌没抽，分别是 3、4、6、7、8，显然也不正确。所以小明没抽到 A。用同样的方法，可推出小明没抽到 4。

至此我们已经知道小明抽到了 2、5，没抽到 3、4。这样，小明抽的牌是 2、5、6、7、8 中的 4 张。

最后，我们来看丙猜的情况，从他猜测的 4 张牌可知 7 与 8 只能有一张被抽到。如 7

被抽到，则是 2、5、6、7 四张牌，这样丁就猜对了 6、7，显然与题干矛盾。再来检验假如 8 被抽到，发现刚好能符合条件。

所以小明抽的 4 张牌是 2、5、6、8。

180．有几张红桃

有 2 张红桃。

假设甲是黑桃，由此可推断他们几个都是黑桃，那么，乙是黑桃的同时又说了实话，存在矛盾，所以甲是红桃，而且乙和丙之间至少有一个也是红桃。假设乙是红桃，从他的话分析，丙就是黑桃；假设乙是黑桃，从他的话分析，丙就是红桃。所以，无论怎样都会有 2 张红桃。

181．4 张牌比大小

甲、乙两人的答案不同，所以一定有一个在说谎。也就是说，丙和丁说的都是实话。所以，丙不是最大的，也就是乙说的是假话，这样就可以得到顺序为：乙、丙、甲、丁。

182．分别有多少张牌

小刘、小陈、小李 3 个人分别有 23 张、25 张、22 张。

只要抓住小刘和小李说的话，他们的话中有两处明显的矛盾，便可得出正确结果。

183．如何活命

可用假设法。

如果第一个碗是红桃 A，那么 2、3 两句都是对的，故不是。

如果第二个碗是红桃 A，那么 1、3 两句都是对的，故不是。

如果第三个碗是红桃 A，则只有第 1 句是对的，符合题意。所以在第三个碗下。

184．寻找梅花

先确定哪个人拿的是梅花。

假设甲拿梅花，那么乙就不是红桃；根据乙和丙的话可知，丙和丁也不是红桃，只有甲是红桃，矛盾。

假设乙是梅花，而甲说乙是红桃，矛盾。

假设丁是梅花，丙说丁是方块，矛盾。

所以只有一种可能，就是丙是梅花。从而得到如下答案。

甲：方块。

乙：红桃。

丙：梅花。

丁：黑桃。

185．牌局胜负

因为王太太说的是真话，由此可以推断赵师傅说的是假话，再进一步推断张先生和李

109

先生说的都是假话，从而可以判断 A 和 B 都没有赢，因此 A 和 B 是平局。

186．兔妈妈分牌

假设"宝宝拿到的不是红桃"为真，"贝贝拿到的不是黑桃"为假，则贝贝拿到的就是黑桃，那么，宝宝所说的"贝贝拿到的不是方块"就是真话，而"亲亲拿到的不是黑桃"就是假话，推出亲亲拿到的是黑桃。这样，贝贝和亲亲都拿到黑桃，产生矛盾，因此假设错误。所以得出："宝宝拿到的不是红桃"为假话，即宝宝拿到的是红桃。以下推理同上，即可得出它们分别拿到的牌如下。

亲亲：梅花。

宝宝：红桃。

贝贝：方块。

187．下一张牌的花色

如果是方块，那么 3 句话都是正确的；如果是黑桃，前两句是正确的，第 3 句是错误的；如果是红桃，3 句话都是错误的。所以只有黑桃符合条件。

188．盒子里的牌

C 盒子里有红桃牌。因为 A 盒子上的话和 D 盒子是矛盾的，所以一定有一个是真的。那么 B 盒子和 C 盒子上的话都是假的，所以能断定 C 盒子里有红桃牌。

189．判断花色

4 个人说的都有可能是假话，假如甲说的是假话，那么甲不是红桃,乙是黑桃,丙是方块,丁是红桃，甲只能是梅花。其他情况以此类推，可以确定 4 人的花色，故选 A。

190．猜牌

因为 5 个人都猜对了一张，并且每人猜对的牌都不同。所以猜对第一张的只有丙，也就是说第一张是 4。那么第五张就不是 5，所以第五张只能是 A。戊说的第二张是 2 也就不对了。既然第二张不是 2，那就应该如第一个人所说，第三张是 2。所以第二张就不能是 A，只有第二张是 3 了。

因此，第一张是 4，第二张是 3，第三张是 2，第四张是 5，第五张是 A。

191．红黑纸牌

假设戊说的是真话，"4 张红牌"，那甲、乙、丙都该说真话，矛盾，即戊说的是假话，他头上是黑牌。

假设乙说的是真话，"4 张黑牌"，那么甲、丙、丁头上也是黑牌，乙头上是红牌，而丙说的"三黑一红"就成了真话，矛盾，所以乙也说的假话，乙头上是黑牌。

乙和戊已经是 2 张黑牌了，所以甲也就在说假话，甲是黑牌。

如果丙说的"三黑一红"是假话，因为甲、乙、戊已经是黑牌了，那丁就该也是黑牌，这样乙说的"四黑"就成真话了，相互矛盾，所以丙说的是真话，头上是红牌。

丙说"三黑一红"是真话，甲、乙、戊又都是黑牌，所以丁是红牌。

192．打牌的谎言

（1）假设C说的是假话，那么C的牌少于A，A只有1张，这是矛盾的。所以，C的话是真的，C≥A，A的牌不可能是1张。

（2）假设B说的是假话，B的牌少于C，C是2张，所以B就是1张，那么，A的话就是假的，而且必须是A的牌少于B，这与条件（1）矛盾。所以，B的话是真的，B≥C，C的牌不可能是2张。

根据条件（1）、条件（2）可得出条件（3）和条件（4）：

（3）A是2张、C是3张、B是3张。

（4）A是3张、C是3张、B是3张。

在条件（4）的情况下，A和B是同样的，但是，A又撒了谎，这是不可能的。

所以，条件（3）是正确答案。即A是2张、C是3张、B是3张。

193．谁是赢家

乙是赢家。因为甲和丁说得一致，而又只有一个人说了真话，也就是说甲和丁说的都是假话。所以丙不是赢家，只有乙是赢家。说了真话的只有丙，其他人说的都是假话。

194．谎话与牌

丙说："我和丁共出了3张牌。"如果丁出了1张，丙无论出了1张还是2张，都不会说这句话，所以丁出了2张牌，说了谎话。由丁说的话可以知道：乙出了1张牌，说了真话；丙剩下3张牌。由乙说的真话知道：甲剩下4张牌。

因此，原来4个人分别有4、5、6、7张牌，在每人出掉1张或2张后，剩下的牌数还是各不相同，因为已经确定乙出了1张，丁出了2张，所以剩下的牌的数量只有两种可能：2、4、5、6和2、3、4、6。因为丙剩下了3张牌，所以排除"2、4、5、6"，得到答案如下：

甲最初有6张，出了2张，剩下4张；

乙最初有7张，出了1张，剩下6张；

丙最初有5张，出了2张，剩下3张；

丁最初有4张，出了2张，剩下2张。

195．哪个人说了谎

甲的情况是可能的。6张牌总和只有8，不可能有牌是5以上，最多只有一张3。这样其余5张各为A，即：8=1+1+1+1+1+3。而且这是唯一的答案。

乙的情况是不可能的。一张牌最多是9，9×6=54，比56小。所以不可能。

丙的情况是可能的，并且有好几种可能性，即答案不是唯一的。从总分是28可以知道，最多有2张是9（如果有3张是9，共27，其余3张即使都是A，也超过了28）。所以，可能得到三种情况：9、9、7、A、A、A；9、9、5、3、A、A；9、9、3、3、3、A。如果只有一张9，这样又有6种可能的情况：9、7、7、3、A、A；9、7、5、5、A、A；9、

7、5、3、3、A；9、7、3、3、3、3；9、5、5、5、3、A；9、5、5、3、3、3。如果一张9也没有，又可得到7种可能的情况：7、7、7、5、A、A；7、7、7、3、3、A；7、7、5、5、3、A；7、7、5、3、3、3；7、5、5、5、5、A；7、5、5、5、3、3；5、5、5、5、5、3。所以，总分是28分的一共有16种情况。

丁的情况是不可能的，因为牌的大小都是奇数，6个奇数的和一定是偶数，而27是奇数，所以不可能。

八、制定大策略

196．发牌

把剩下的牌从下往上反着发。

197．还清欠款

只需计算每个人实际上欠款多少钱即可。所以B、C、D、E分别拿出100元交给A就可以把欠款还清了。

198．该怎么下注

跟丽莎小姐一样，押500个金币在"3的倍数"上就可以了。如果丽莎小姐赢了，周星星先生也会得到同样的报酬，他们的名次就不会受到影响。如果丽莎小姐输了，就更不会影响名次了。

事实上周星星先生只要押401个以上的金币，赢的金币就会在1502个以上，仍然是第一名。所以，在这种场合，手里有较多金币的人便是赢家。

199．赌注太小

第三局结束后，两人钱数之和是75元，钱数之差是7元，所以，最后一个人有41元，另一个人有34元。由于只有34能被2整除，而李蛋蛋第三局输了，所以李蛋蛋的钱是34元。所以第二局结束时，李蛋蛋的钱是34÷2×3=51元，王丫丫是75－51=24元。24和51都能被3整除，所以无法判断谁赢了第二局。

假设李蛋蛋赢了第二局，则第一局结束时，李蛋蛋的钱是51÷3×4=68元，王丫丫是75－68=7元。由于只有68能被4整除，所以第一局也是李蛋蛋赢了，最开始李蛋蛋的钱是68÷4×5=85元，85大于75，所以假设错误，第二局是王丫丫赢了。

所以第一局结束时，王丫丫的钱是24÷3×4=32元，李蛋蛋是75－32=43元。由于只有32能被4整除，所以第一局也是王丫丫赢了，则最开始王丫丫的钱是32÷4×5=40元，而李蛋蛋是70－40=35元。

200．斗地主残局

地主怎样出都会输。大家可以用扑克牌试一试。

201. 取牌博弈（1）

假设先拿的人为甲，后拿的人为乙。若 n 小于或等于 m，甲直接全部拿走即可。若 n 大于 m，并且不是 $m+1$ 的倍数，甲第一次拿走若干张牌使得剩下的牌数是 $m+1$ 的倍数，以后每轮甲拿走若干张牌后都保持剩下的牌数是 $m+1$ 的倍数，直到某次甲拿完牌后剩下 $m+1$ 张牌。这样无论乙从中拿走多少张，甲都能把剩下的牌全部拿走从而获胜。

若 n 是 $m+1$ 的倍数，则乙可采用上述策略获胜。

结论：当 n 正好是 $m+1$ 倍数的时候，后拿的人有必胜策略；其他情况都是先拿者有必胜策略。

202. 取牌博弈（2）

假设先拿的人为甲，后拿的人为乙。若两堆牌数相同，甲直接全部拿走即可。若两堆牌数不同，设一堆有 a 张，另一堆有 b 张，且 $a>b$。

若 $a<2b$，甲从两堆中各取走同样数量的若干张牌，使剩下的一堆数量是另一堆数量的 2 倍。以后每轮无论乙怎么拿，甲都保持拿完后一堆数量是另一堆数量的 2 倍。直到甲拿完后一堆剩 1 张、一堆剩 2 张。此时无论乙怎么拿，甲都能把剩下的全部拿走从而获胜。

若 $a>2b$，甲从多的那堆取走若干张牌，使剩下的一堆数量是另一堆数量的 2 倍。以后采用上述策略即可获胜。

若 $a=2b$，则无论甲第一次怎么取，乙都可以用上述策略获胜。

结论：当开始的时候，其中一堆的数量正好是另一堆数量 2 倍时，后拿的人有必胜策略；其他情况都是先拿者有必胜策略。

203. 取牌博弈（3）

假设先拿的人为甲，后拿的人为乙。将 3 堆牌各自的张数转化为二进制，并计算 3 个二进制数中每位数上"1"的个数。甲先取若干张牌，并保证剩下的牌数转化为二进制后，每位数上"1"的个数都是偶数，那么无论乙怎么取，剩下牌数转化为二进制后，每位数上"1"的个数都是奇数。甲保持这个策略到最后就能获胜。

结论：3 堆牌各自的张数转化为二进制，并计算 3 个二进制数中每位数上"1"的个数。若为奇数，先取的人有必胜策略；若为偶数，后取的人有必胜策略。

204. 巧翻扑克

将 23 张扑克牌随意分为两堆，一堆 10 张，另一堆 13 张，然后把 10 张的一堆所有的扑克牌翻过来就可以了。

205. 翻扑克（1）

翻三次就可以了。
第一轮：1、2、3、4、5
第二轮：2、3、4、5、6
第三轮：2、3、4、5、7

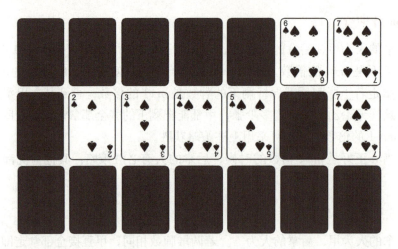

206．翻扑克（2）

要翻 5 次。最优解如下。
第一轮：1、2、3、4、5
第二轮：2、3、4、5、6
第三轮：2、3、4、5、7
第四轮：3、4、5、7、8
第五轮：3、4、5、7、9

207．巧辨花色

从第三叠里抽看一张牌，就可以知道三叠牌的花色了。因为小明一叠都没猜中，所以第三叠不是黑桃与红桃混在一起，那么如果抽到了红桃，就说明第三叠全是红桃、第一叠全是黑桃、第二叠红桃黑桃混在一起；如果抽到了黑桃，就说明第三叠全是黑桃、第二叠全是红桃、第一叠红桃黑桃混在一起。

208．分配扑克牌

不可能。老板将 2 号与 14 号弄混了。

209．巧胜扑克牌

甲先出 3，然后将对子全都拆开单出，直至乙拆开一个对子。如果拆的是 10，则用 J 或者 K 管，如果拆的是 A，则用 2 管。然后一直出对，乙必定会剩下一个单张（如果有 3 个 K 或者 3 个 J 存在，记得留下一个对子三带二）。

210．巧取扑克牌

乙获胜。

因为 108 不是 2 的 k 次方，所以甲不能一次全部取走。而 108 是 3 的倍数，但 1 或者 2 的 k 次方都不是 3 的倍数，所以第一次甲取完后，剩下扑克牌的数目必然不是 3 的倍数。乙取扑克的策略就是，每次甲取完后，乙取 1 张或 2 张，使剩下的扑克牌数目是 3 的倍数。这样，最后剩下 3 张扑克牌时，无论甲取 1 张还是 2 张，乙都能取到最后一张扑克。

答案

211. 抓牌决胜

先拿 4 张，之后他拿 n 张，你就拿 $6-n$ 张，每一轮都是这样，保证你能得到第 52 张牌。

（1）不妨逆向推理，如果只剩 6 张牌，让对方先拿，你一定能拿到第 6 张牌。理由是：如果他拿 1 张，你拿 5 张；如果他拿 2 张，你拿 4 张；如果他拿 3 张，你拿 3 张；如果他拿 4 张，你拿 2 张；如果他拿 5 张，你拿 1 张。

（2）再把 52 张牌从后向前按组分开，6 张牌一组。52 不能被 6 整除，这样就分成 9 组。第 1 组 4 张，后 8 组每组 6 张。

（3）自己先把第 1 组 4 张拿完，后 8 组每组都是对方先拿，自己拿完剩下的，这样就能拿到第 8 组的最后一张，即第 52 张牌。

212. 抓牌求胜

设 1 号拿的为 N 张。

A：当 $N \geqslant 49$ 时，根据题意，每人至少要拿一张，无论后面怎么拿，最多能拿 48 张，1 号必输。

B：当 $22 \leqslant N \leqslant 48$ 时，无论 N 取何值，2 号都会取 $N-1$ 张，因为 2 号能判断他后面无论怎么取都至少有一人少于他。3 号则取 $N-2$ 张，因为他知道前面两个人手中牌数之和后，就能判断必然有一人手中的牌数多于 $N-2$，并且当他取 $N-2$ 张后，后面也必然有一人少于 $N-2$。4 号同理，取 $N-3$。轮到 5 号时，无论 5 号取多少，1 号和 5 号都必定会输。

C：当 $N=21$ 时，2 号取 20，3 号取 19，这时剩 40 张。因为取 19、20、21 都会重复，必输，而 22 最大，取 17 是投降救第五人的办法。因为原则是先求自保，所以第四人会选择取 18 张，最后剩下 22 张，不管 5 号取多少都要输，取 1~17 是最少，1 号和 5 号输。取 18 时，1 号、4 号、5 号输。取 19 时，1 号、3 号、4 号、5 号输，只有 2 号赢。选 20 时，1 号、2 号、4 号、5 号输，只有 3 号赢。选 21 时，1 号、4 号、5 号输。而只有 5 号取 22 的时候，1 号才能赢，这时 4 号、5 号输。当 5 号意识到自己必输的时候，必然要多拖几个人"下水"，所以最有可能出现的情况就是：取 19，1 号、3 号、4 号、5 号输，只有 2 号赢；或选 20，1 号、2 号、4 号、5 号输，只有 3 号赢。

D：当 $2 \leqslant N \leqslant 20$ 时，无论 N 取何值，2 号取牌都有 2 种可能：$N-1$ 或 $N+1$。因为，如果 2 号取的牌数和 1 号之差超过 1 张，即 $N-2$ 或 $N+2$，3 号就能判断前面至少有一人手中的牌数大于等于 $(N+N+2)\div 2$ 或大于等于 $(N+N-2)\div 2$，取 $N+1$ 或 $N-1$ 是 3 号最佳的选择，这样 3 号必赢。所以 2 号肯定得紧贴着 1 号的数取牌。

D1：若 $N=20$，2 号取 21 时，3 号取 19，此时剩 40 张，回到 C 的情况。

D2：若 $N=20$，2 号取 19 时，3 号取 18，4 号取 17，此时剩 26 张，5 号必输，回到 C 的情况，取 1~16 时，1 号、5 号输；取 17 时，1 号、4 号、5 号输；取 18 时，1 号、3 号、4 号、5 号输；取 19 时，1 号、2 号、4 号、5 号输；取 20 时，1 号、4 号、5 号输；取大于或等于 21 时，4 号、5 号输。所以最有可能出现的情况就是：取 18，1 号、3 号、4 号、5 号输，2 号赢；取 19，1 号、2 号、4 号、5 号输，3 号赢。

以此类推……

若 N=6，2号取5，3号取4，4号取3，回到D2的情况，5号必输。最有可能出现的情况就是：取4，1号、3号、4号、5号输，2号赢；取5，1号、2号、4号、5号输，3号赢。

若 N=5，2号取4，3号取3，4号取2，回到D2的情况，5号必输。最有可能出现的情况就是：取3，1号、3号、4号、5号输，2号赢；取4，1号、2号、4号、5号输，3号赢。

若 N=4，2号取3，3号取2，4号取5，此时5号必输。5号取1，4号、5号输；取2，3号、4号、5号输；取3，2号、3号、4号、5号输，1号生；取4，1号、3号、4号、5号输，2号赢；取5，3号、4号、5号输；取大于或等于6时，3号、5号输。所以最有可能出现的情况就是：取3，2号、3号、4号、5号输，1号赢；取4，1号、3号、4号、5号输，2号赢。

若 N=3，2号取2，3号取4，此时回到上一种情况，4号取5，所以最有可能出现的情况就是：5号取3，1号、2号、4号、5号输，3号赢；取4，2号、3号、4号、5号输，1号赢。

若 N=2，2号取3，3号取4，此时回到上一种情况，4号取5，所以最有可能出现的情况就是：5号取3，1号、2号、4号、5号输，3号赢；取4，1号、3号、4号、5号输，2号赢。

E：N取1时，1号必输。

所以1号考虑完上述情况后，必然会选择赢还希望最大的3或4。这时最有可能赢下来的就是1号、2号、3号。其中，1号赢下来的概率最大，为50%。

213. 一道关于扑克牌的推理题

把52张牌编号，然后把单数的牌和双数的牌分别累加一次，看是单数的牌总和大还是双数的牌总和大。如果是单数的大，每次都拿单数牌；如果是双数的大，每次都拿双数牌。

举个例子，如果是单数的牌大，即第1、3、5、7、…、51张牌加起来更大些，那么先拿第一张，这样对手只能拿第2或52张（即都是双数）。等他拿完后，不是第3就是第51在一端了，又有一张单数的牌可拿了，你再拿走，留给他的两端牌又只剩双数的牌了。如此下去，直到最后，你拿的都是单数牌，对手拿的都是双数牌。

根据策略，除非单数位和双数位总和一样大产生和局，否则总是你赢。这就是所谓的不败策略。

214. 重排5张牌

将2和3放在最右边。

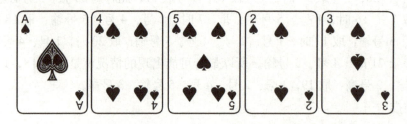

再将 5 和 2 放在最左边。

最后将 2 和 A 放在最右边。

215. 覆盖圆桌

先放的小孩把第一张牌放在圆桌的正中央，以后每次轮到他放牌时，都放在另一个小孩上次放牌位置的中心对称处。这样就保证了他总是有地方放牌，直到另一个小孩没地方放为止。

216. 确定 45 秒

先拿两副牌，甲和乙一起抓其中的一副，丙独自抓另一副。等第一副抓完，即半分钟后，甲和丙一起抓，这样剩下的牌还需要 15 秒抓完。加起来就是 45 秒。

217. 要牌

你说："你不会给我梅花 3 或黑桃 4。"

218. 抢牌游戏（1）

A 先拿 2 张，以后根据 B 的三种情况采取不同策略：

B 拿 1 张，A 拿 2 张；

B 拿 2 张，A 拿 1 张；

B 拿 4 张，A 拿 2 张。

即每次保持和 B 拿的总数一定是 3 或 6，由于 52 除以 3 还余 1，而每轮 A 与 B 拿的总数是 3 的倍数，所以最后一定会给对方留下 1 张或 4 张，B 必输。

219. 抢牌游戏（2）

婧婧的策略其实很简单：在妮妮先拿的情况下，每次妮妮拿 1 张的时候婧婧就拿 2 张，妮妮拿 2 张的时候婧婧就拿 1 张。由于 54 是 3 的倍数，所以婧婧总能拿到最后一张。

220．Eleusis 游戏

下面这些有趣的规则可以参考。

如果上一张牌的点数是 1~7，则应该接 8~K；如果上一张牌是 8~K，则应该接 1~7。

相邻两张牌的点数之和大于 10。

相邻两张牌的点数加起来能被 3 整除。

下一张牌的点数比上一张牌大 1 点、2 点、3 点或 4 点；数字大小关系是"循环的"。

如果上一张牌的点数为平方数，则出牌的点数是非完全平方数；否则出牌的点数应该是一个平方数。

如果花色与前面一张相同，则点数必须比它大；如果花色与前面一张不同，则点数必须比它小。

221．释放囚犯

如果只有两名囚犯，显然有一个必胜的方案：只需要事先约定不管怎样都是你拿红色牌我拿黑色牌就行了。如果有更多的囚犯，下面的策略可以保证他们获胜。

将囚犯按照 1~n 进行编号（这个编号可以由囚犯在游戏开始前约定）。把囚犯按额头上的数字重新排序后，就得到了一个 1~n 的排列。比如有 8 个囚犯。

囚犯编号： 1 2 3 4 5 6 7 8

额上实数： 0.1 0.4 0.6 0.2 0.8 1.1 0.5 1.5

那么重新排序后得到的排列是： 1 4 2 7 3 5 6 8

但是，由于囚犯不知道自己额头上的数字，因此每个囚犯只能看见这个排列除他之外剩下的部分。比如，囚犯 2 只能看到另外 7 个人形成的不完整排列： 1 4 7 3 5 6 8。

如果在一个序列中，位于前面的某个数比位于后面的某个数更大，就说这两个数是一对"逆序对"。囚犯们的策略是，数一数自己看到的序列中有多少逆序对，如果逆序对的个数与自己的编号同奇偶，则选红色牌，否则选黑色牌。比如，例子中囚犯 2 能看到的逆序对有 (4,3)，(7,3)，(7,5)，(7,6) 共 4 个，自己的编号是 2，因此选红色牌。而囚犯 7 将看到序列： 1 4 2 3 5 6 8。他只能看到 (4,2)，(4,3) 两个逆序对，自己的编号却是奇数 7，因此选黑色牌。你会发现，囚犯 2 和囚犯 7 这两个位置相邻的人，恰好一个选择了红色牌，一个选择了黑色牌。

因此，按照这个策略，相邻两个囚犯一定会选择不同颜色的牌，一定可以通过游戏获得释放。

222．少数派游戏

如果你能在一小时内成功找到 7 个相信你的人和你结盟，那恭喜你，你们百分之百地获胜了。在游戏的第一轮中，可以安排你们 8 个人中 4 个人亮红牌，4 个人亮黑牌，因此无论如何，在这一轮中总有 4 个人存活下来。第一轮游戏的最坏情况是 10:12 胜出，因此存活下来的人中最多还有 6 个不是你们队的人。在第二轮比赛中，你们队的 4 个人按之前的战术安排，让其中 2 个亮红牌，另外 2 个亮黑牌。因此这一轮后留下来的人中总有你们队的 2 个人，最坏情况下还有 2 个别的人。最后一轮中，你们两个人一个亮红牌，另一

亮黑牌，这就可以保证获胜了。只要另外两个人是未经商量随机投票的，总会有一次他们俩恰好都投到一边，于是最终的胜出者永远是你们队的人。比赛结束后，胜出者按约定与队伍里的另外 7 人平分奖金，完成整个协议。

当然，你无法确定你们队的 7 个人会不会在拿到奖金之后逃之夭夭。同时，你自己也可以想方设法使自己存活到最后而拿到奖金，使自己的收益最大化。但是，要保证自己能留到最后很难。不过，还有一种方法可以保证你能揣走全部的奖金，前提是，你能让大家都相信你。

首先，找 7 个人和你一起秘密组成一个队伍，把上述策略告诉大家。然后，再找另外 7 个人和你秘密地组建另一支队伍，同样使用上面的必胜策略。现在不是应该还剩下 7 个人吗？把剩的这 7 个人也拉过来，秘密组成第三支 8 人小队。现在的情况是这样，你成功地组建了三支 8 人小队，让每个人都坚信自己身在一个将要利用必胜法齐心协力获得并平分奖金的队伍里。除了你自己，大家都不知道还有其他队伍存在。在第一轮游戏中，你指示每个队伍里包括你自己在内的其中 4 个人亮红牌，其余的人都亮黑牌。这样下来，亮红牌的一共就有 10 票，亮黑牌的有 12 票，于是你和每个队伍里除你之外的另外三个人获胜。下一轮游戏中，你让每个队伍里包括你在内的其中两人亮红牌，其他人都亮黑牌，这样红牌就有 4 票，黑牌有 6 票，你再次胜出。最后，你自己亮红牌，并叫每个人都亮黑牌，这就保证了自己可以胜出。

223．奇妙的装法

在第 1 个盒子中放 1 张牌，第 2 个盒子中放 3 张牌，第 3 个盒子中放 5 张牌，然后将这三个盒子一起放入第 4 个大盒子里。

224．残局

甲第一张出 8（6 或者 4 一样道理），然后：
（1）乙明显不能拆 9，否则 A 以后，如果出 2，则出王；然后打小对。
（2）乙也不能拆 2，否则出王以后，打小对。如果出 99，则出 JJ，后面很简单。
（3）乙如果不要，继续出 8。乙继续不要就拆 6，然后是 4。
（4）对方如果出 Q，那么 A 以后，如果出 2，则出王，以后同（2）的推理一样。如果对方不要，继续出 8，对方只能出 Q，则出 A。对方还是不能拆 2。继续出 6，然后出 Q、A。2 还是不能拆。继续出 6，以后的出牌方法同上面推理一样。

225．抽顺子

这是可能的，数学中的海尔定理保证了这种抽法必然存在。

226．五打一（2）

甲：4；
丙：Q；
甲：K；

甲：3；
丙：4；
丁：9；
戊：Q；
戊：10、10；
乙：J、J；
丙：3；
丁：9。

227．换牌逻辑

没有人。拿到最大的牌的人肯定不愿意和别人换牌。拿到第二大牌的人，只能换最大牌才比自己手中的牌大，但是他知道拿到最大牌的人不会和别人换牌，所以他自己也不会和其他人换牌以免换到小牌。以此类推，以后的每个人都可以通过推理知道前面的人不会换牌，所以自己也不会换牌。即使拿到最小牌的人想换牌也没有人愿意换。因此，没有人能够换到比自己大的牌。

228．盒子与锁

A把扑克放进盒子，用自己的锁把盒子锁上。B拿到盒子后，把盒子加一把自己的锁，并递给A。A拿到后，取下自己的锁，再递给B。B取下自己的锁，获得扑克。

参 考 文 献

[1] 游戏高手. 扑克牌魔术游戏 [M]. 北京：新世界出版社，2009.
[2] 黎娜. 哈佛给学生做的 1500 个思维游戏 [M]. 北京：华文出版社，2009.
[3] 黎娜，于海娣. 全世界优等生都在做的 2000 个思维游戏 [M]. 北京：华文出版社，2010.